GABRIEL GARCÍA MÁRQUEZ

Relato de un náufrago

Gabriel García Márquez, nacido en Colombia, es una de las figuras más importantes e influyentes de la literatura universal. Ganador del Premio Nobel de Literatura, es además cuentista, ensayista, crítico cinematográfico, autor de guiones y, sobre todo, intelectual comprometido con los grandes problemas de nuestro tiempo, en primer término con los que afectan a su amada Colombia y a Hispanoamérica en general. Máxima figura del realismo mágico, es en definitiva el hacedor de uno de los mundos narrativos más densos de significados que ha dado la lengua española en el siglo XX. Entre sus obras más importantes se encuentran las novelas *Cien años de soledad*, *El coronel no tiene quien le escriba*, *Crónica de una muerte anunciada*, *La mala hora*, *El general en su laberinto*, *El amor en los tiempos del cólera*, *Memorias de mis putas tristes*, el libro de relatos *Doce cuentos peregrinos* y la primera parte de su autobiografía, *Vivir para contarla*.

TAMBIÉN DE GABRIEL GARCÍA MÁRQUEZ

Relato de un náufrago

Relato de un náufrago

que estuvo diez días a la deriva en
una balsa sin comer ni beber, que fue
proclamado héroe de la patria, besado
por las reinas de la belleza y hecho
rico por la publicidad, y luego abo-
rrecido por el gobierno y olvidado
para siempre

GABRIEL GARCÍA MÁRQUEZ

Vintage Español
Una división de Random House, Inc.
Nueva York

Índice

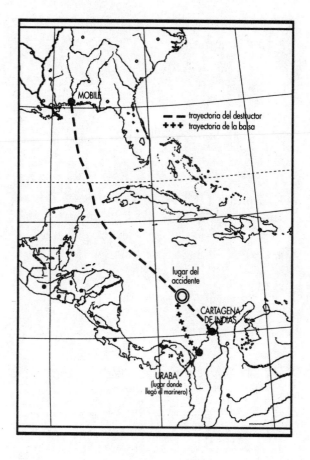

MOBILE

— — trayectoria del destructor
+ + + trayectoria de la balsa

lugar del
accidente

CARTAGENA
DE INDIAS

URABA
(lugar donde
llegó el marinero)

La historia de esta historia

Eʟ 28 de febrero de 1955 se conoció la noticia de que ocho miembros de la tripulación del destructor *Caldas*, de la Marina de Guerra de Colombia, habían caído al agua y desaparecido a causa de una tormenta en el mar Caribe. La nave viajaba desde Mobile, Estados Unidos, donde había sido sometida a reparaciones, hacia el puerto colombiano de Cartagena, adonde llegó sin retraso dos horas después de la tragedia. La búsqueda de los náufragos se inició de inmediato, con la colaboración de las fuerzas norteamericanas del Canal de Panamá, que hacen oficios de control militar y otras obras de caridad en el sur del Caribe. Al cabo de cuatro días se desistió de la búsqueda, y los marineros perdidos fueron declarados oficialmente muertos. Una semana más tarde, sin embargo, uno de ellos apareció moribundo en una playa desierta del norte de Colombia, después de permanecer diez días sin comer ni beber en una balsa a la deriva. Se llamaba Luis Alejandro Velasco. Este libro es la reconstrucción periodística de lo que él me contó, tal como fue publicada un mes después del desastre por el diario *El Espectador* de Bogotá.

Lo que no sabíamos ni el náufrago ni yo cuando tratábamos de reconstruir minuto a minuto su aventura, era que aquel rastreo agotador había de conducirnos a una nueva aventura que causó un cierto revuelo en el país, que a él le costó su gloria y su carrera y que a mí pudo costarme el pellejo. Colombia estaba entonces bajo la dictadura militar y folklórica del general Gustavo Rojas Pinilla, cuyas dos hazañas más memorables fueron una matanza de estudiantes en el centro de la capital cuando el ejército desbarató a balazos una manifestación pacífica, y el asesinato por la policía secreta de un número nunca establecido de taurófilos dominicales, que abucheaban a la hija del dictador en la plaza de toros. La prensa estaba censurada, y el problema diario de los periódicos de oposición era encontrar asuntos sin gérmenes políticos para entretener a los lectores. En *El Espectador*, los encargados de ese honorable trabajo de panadería éramos Guillermo Cano, director; José Salgar, jefe de redacción, y yo, reportero de planta. Ninguno era mayor de treinta años.

Cuando Luis Alejandro Velasco llegó por sus propios pies a preguntarnos cuánto le pagábamos por su cuento, lo recibimos como lo que era: una noticia refrita. Las fuerzas armadas lo habían secuestrado varias semanas en un hospital naval, y sólo había podido hablar con los periodistas del régimen, y con uno de oposición que se había disfrazado de médico. El cuento había sido contado a pedazos muchas veces, estaba manoseado y pervertido, y los lectores parecían hartos de un héroe que se alquilaba para anunciar relojes, porque el suyo no se atrasó a la intemperie; que aparecía en anuncios de zapatos, porque los suyos eran tan fuertes que no los pudo desgarrar para comérselos, y en otras muchas porquerías de publicidad. Había sido condecorado, había hecho discursos patrióticos por radio, lo habían mostrado en la televisión como ejemplo de las generaciones futuras, y lo habían paseado entre flores y músicas por medio país para que firmara autógrafos y lo besaran las reinas de la belleza. Había recaudado una pequeña fortuna. Si venía a nosotros sin que lo llamáramos, después de haberlo buscado tanto, era previsible que ya no tenía mucho que contar, que sería capaz de inventar cualquier cosa por dinero, y que el gobierno le había señalado muy bien los límites de su declaración. Lo mandamos por donde vino. De pronto, al impulso de una corazonada, Guillermo Cano lo alcanzó en las escaleras, aceptó el trato, y me lo puso en las manos. Fue como si me hubiera dado una bomba de relojería.

Mi primera sorpresa fue que aquel muchacho de veinte años, macizo, con más cara de trompetista que de héroe de la patria, tenía un instinto excepcional del arte de narrar, una capacidad de síntesis y una memoria asombrosas, y bastante dignidad silvestre como para sonreírse de su propio heroísmo. En veinte sesiones de seis horas diarias, durante las cuales yo tomaba notas y soltaba preguntas tramposas para detectar sus contradicciones, logramos reconstruir el relato compacto y verídico de sus diez días en el mar. Era tan minucioso y apasionante, que mi único problema literario sería conseguir que el lector lo creyera. No fue sólo por eso, sino también porque nos pareció justo, que acordamos escribirlo en primera persona y firmado por él. Ésta es, en realidad, la primera vez que mi nombre aparece vinculado a este texto.

La segunda sorpresa, que fue la mejor, la tuve al cuarto día de trabajo, cuando le pedí a Luis

Alejandro Velasco que me describiera la tormenta que ocasionó el desastre. Consciente de que la declaración valía su peso en oro, me replicó, con una sonrisa: «Es que no había tormenta». Así era: los servicios meteorológicos nos confirmaron que aquél había sido uno más de los febreros mansos y diáfanos del Caribe. La verdad, nunca publicada hasta entonces, era que la nave dio un bandazo por el viento en la mar gruesa, se soltó la carga mal estibada en cubierta, y los ocho marineros cayeron al mar. Esa revelación implicaba tres faltas enormes: primero, estaba prohibido transportar carga en un destructor; segundo, fue a causa del sobrepeso que la nave no pudo maniobrar para rescatar a los náufragos, y tercero, era carga de contrabando: neveras, televisores, lavadoras. Estaba claro que el relato, como el destructor, llevaba también mal amarrada una carga política y moral que no habíamos previsto.

La historia, dividida en episodios, se publicó en catorce días consecutivos. El propio gobierno celebró al principio la consagración literaria de su héroe. Luego, cuando se publicó la verdad, habría sido una trastada política impedir que se continuara la serie: la circulación del periódico estaba casi doblada, y había frente al edificio una rebatiña de lectores que compraban los números atrasados para conservar la colección completa. La dictadura, de acuerdo con una tradición muy propia de los gobiernos colombianos, se conformó con remendar la verdad con la retórica: desmintió en un comunicado solemne que el destructor llevara mercancía de contrabando. Buscando el modo de sustentar nuestros cargos, le pedimos a Luis Alejandro Velasco la lista de sus compañeros de tripulación que tuvieran cámaras fotográficas. Aunque muchos pasaban vacaciones en distintos lugares del país, logramos encontrarlos para comprar las fotos que habían tomado durante el viaje. Una semana después de publicado en episodios, apareció el relato completo en un suplemento especial, ilustrado con las fotos compradas a los marineros. Al fondo de los grupos de amigos en alta mar, se veían, sin la menor posibilidad de equívoco, inclusive con sus marcas de fábrica, las cajas de mercancía de contrabando. La dictadura acusó el golpe con una serie de represalias drásticas que habían de culminar, meses después, con la clausura del periódico.

A pesar de las presiones, las amenazas y las más seductoras tentativas de soborno, Luis Alejandro Velasco no desmintió una línea del relato. Tuvo que abandonar la Marina, que era el único trabajo que sabía hacer, y se desbarrancó en el olvido de la vida común. Antes de dos años cayó la dictadura y Colombia quedó a merced de otros regímenes mejor vestidos pero no mucho más justos, mientras yo iniciaba en París este exilio errante y un poco nostálgico que tanto se parece también a una balsa a la deriva. Nadie volvió a saber nada del náufrago solitario, hasta hace unos pocos meses en que un periodista extraviado lo encontró detrás de un escritorio en una empresa de autobuses. He visto esa foto: ha aumentado de peso y de edad, y se nota que la vida le ha pasado por dentro, pero le ha dejado el aura serena del héroe que tuvo el valor de dinamitar su propia estatua.

Yo no había vuelto a leer este relato desde hace quince años. Me parece bastante digno para ser publicado, pero no acabo de comprender la utilidad de su publicación. Me deprime la idea de que a los editores no les interese tanto el mérito del texto como el nombre con que está firmado, que muy a mi pesar es el mismo de un escritor de moda. Si ahora se imprime en forma de libro es porque dije sí sin pensarlo muy bien, y no soy un hombre con dos palabras.

G.G.M.
Barcelona, febrero de 1970

1

Cómo eran mis compañeros muertos en el mar

El 22 de febrero se nos anunció que regresaríamos a Colombia. Teníamos ocho meses de estar en Mobile, Alabama, Estados Unidos, donde el A.R.C. *Caldas* fue sometido a reparaciones electrónicas y de sus armamentos. Mientras reparaban el buque, los miembros de la tripulación recibíamos una instrucción especial. En los días de franquicia hacíamos lo que hacen todos los marineros en tierra: íbamos al cine con la novia y nos reuníamos después en Joe Palooka, una taberna del puerto, donde tomábamos whisky y armábamos una bronca de vez en cuando.

Mi novia se llamaba Mary Address, la conocí dos meses después de estar en Mobile, por intermedio de la novia de otro marino. Aunque tenía una gran facilidad para aprender el castellano, creo que Mary Address no supo nunca por qué mis amigos le decían «María Dirección». Cada vez que tenía franquicia la invitaba al cine, aunque ella prefería que la invitara a comer helados. Nos entendíamos en mi medio inglés y en su medio español, pero nos entendíamos siempre, en el cine o comiendo helados.

Sólo una vez no fui al cine con Mary: la noche que vimos *El motín del Caine*. A un grupo de mis compañeros le habían dicho que era una buena película sobre la vida en un barreminas. Por eso fuimos a verla. Pero lo mejor de la película no era el barreminas sino la tempestad. Todos estuvimos de acuerdo en que lo indicado en un caso como el de esa tempestad era modificar el rumbo del buque, como lo hicieron los amotinados. Pero ni yo ni ninguno de mis compañeros había estado nunca en una tempestad como aquélla, de manera que nada en la película nos impresionó tanto como la tempestad. Cuando regresamos a dormir, el marino Diego Velázquez, que estaba muy impresionado con la película, pensando que dentro de pocos días estaríamos en el mar, nos dijo: «¿Qué tal si nos sucediese una cosa como ésa?».

Confieso que yo también estaba impresionado. En ocho meses había perdido la costumbre del mar. No sentía miedo, pues el instructor nos había enseñado a defendernos en un naufragio. Sin embargo, no era normal la inquietud que sentía aquella noche en que vimos *El motín del Caine*.

No quiero decir que desde ese instante empecé a presentir la catástrofe. Pero la verdad es que nunca había sentido tanto temor frente a la proximidad de un viaje. En Bogotá, cuando era niño y veía las ilustraciones de los libros, nunca se me ocurrió que alguien pudiera encontrar la muerte en el mar. Por el contrario, pensaba en él con mucha confianza. Y desde cuando ingresé en la Marina, hace casi doce años, no había sentido nunca ningún trastorno durante el viaje.

Pero no me avergüenzo de confesar que sentí algo muy parecido al miedo después que vi *El motín del Caine*. Tendido boca arriba en mi litera —la más alta de todas— pensaba en mi familia y en la travesía que debíamos efectuar antes de llegar a Cartagena. No podía dormir. Con la cabeza apoyada en las manos oía el suave batir del agua contra el muelle, y la respiración tranquila de los cuarenta marinos que dormían en el mismo salón. Debajo de mi litera, el marinero primero Luis Rengifo roncaba como un trombón. No sé qué soñaba, pero seguramente no habría podido dormir tan tranquilo si hubiera sabido que ocho días después estaría muerto en el fondo del mar.

La inquietud me duró toda la semana. El día del viaje se aproximaba con alarmante rapidez y yo trataba de infundirme seguridad en la conversación con mis compañeros. El A.R.C. *Caldas* estaba listo para partir. Durante esos días se hablaba con más insistencia de nuestras familias, de Colombia y de nuestros proyectos para el regreso. Poco a poco se iba cargando el buque con regalos que traíamos a nuestras casas: radios, neveras, lavadoras y estufas, especialmente. Yo traía una radio.

Ante la proximidad de la fecha de partida, sin poder deshacerme de mis preocupaciones, tomé una determinación: tan pronto como llegara a Cartagena abandonaría la Marina. No volvería a someterme a los riesgos de la navegación. La noche antes de partir fui a despedirme de Mary, a quien pensé comunicarle mis temores y mi determinación. Pero no lo hice, porque le prometí volver y no me habría creído si le hubiera dicho que estaba dispuesto a no navegar jamás. Al único que comuniqué mi determinación fue a mi amigo íntimo, el marinero segundo Ramón Herrera, quien me confesó que también había decidido abandonar la Marina tan pronto como llegara a Cartagena. Compartiendo nuestros temores, Ramón Herrera y yo, nos fuimos con el marinero Diego Velázquez a tomarnos un whisky de despedida en Joe Palooka.

Pensábamos tomarnos un whisky, pero nos tomamos cinco botellas. Nuestras amigas de casi todas las noches conocían la noticia de nuestro viaje y decidieron despedirse, emborracharse y llorar en prueba de gratitud. El director de la orquesta, un hombre serio, con unos anteojos que no le permitían parecer un músico, tocó en nuestro honor un programa de mambos y tangos, creyendo que era música colombiana. Nuestras amigas lloraron y tomaron whisky de a dólar y medio la botella.

Como en esa última semana nos habían pagado tres veces, nosotros resolvimos echar la casa por la ventana. Yo, porque estaba preocupado y quería emborracharme. Ramón Herrera porque estaba alegre, como siempre, porque era de Arjona y sabía tocar el tambor y tenía una singular habilidad para imitar a todos los cantantes de moda.

Un poco antes de retirarnos, un marinero norteamericano se acercó a la mesa y le pidió permiso a Ramón Herrera para bailar con su pareja, una rubia enorme, que era la que menos bebía y la que más lloraba —¡sinceramente!—. El norteamericano pidió permiso en inglés y Ramón Herrera le dio una sacudida, diciendo en español: «¡No entiendo un carajo!».

Fue una de las mejores broncas de Mobile, con sillas rotas en la cabeza, radiopatrullas y policías. Ramón Herrera, que logró ponerle dos buenos pescozones al norteamericano, regresó al buque a la una de la madrugada, imitando a Daniel Santos. Dijo que era la última vez que se embarcaba. Y, en realidad, fue la última.

A las tres de la madrugada del 24 de febrero zarpó el A.R.C. *Caldas* del puerto de Mobile, rumbo a Cartagena. Todos sentíamos la felicidad de regresar a casa. Todos traíamos regalos. El cabo primero Miguel Ortega, artillero, parecía el más alegre de todos. Creo que ningún marino ha sido nunca más juicioso que el cabo Miguel Ortega. Durante sus ocho meses en Mobile no despilfarró un dólar. Todo el dinero que recibió lo invirtió en regalos para su esposa, que le esperaba en Cartagena. Esa madrugada, cuando nos embarcamos, el cabo Miguel Ortega estaba en el puente, precisamente hablando de su esposa y sus hijos, lo cual no era una casualidad, porque nunca hablaba de otra cosa. Traía una nevera, una lavadora automática, y una radio y una estufa. Doce horas después el cabo Miguel

Ortega estaría tumbado en su litera, muriéndose del mareo. Y setenta y dos horas después estaría muerto en el fondo del mar.

Los invitados de la muerte

Cuando un buque zarpa se le da la orden: «Servicio personal a sus puestos de buque». Cada uno permanece en su puesto hasta cuando la nave sale del puerto. Silencioso en mi puesto, frente a la torre de los torpedos, yo veía perderse en la niebla las luces de Mobile, pero no pensaba en Mary. Pensaba en el mar. Sabía que al día siguiente estaríamos en el golfo de México y que por esta época del año es una ruta peligrosa. Hasta el amanecer no vi al teniente de fragata Jaime Martínez Diago, segundo oficial de operaciones, que fue el único oficial muerto en la catástrofe. Era un hombre alto, fornido y silencioso, a quien vi en muy pocas ocasiones. Sabía que era natural del Tolima y una excelente persona.

En cambio, esa madrugada vi al suboficial primero Julio Amador Caraballo, segundo contramaestre, alto y bien plantado, que pasó junto a mí, contempló por un instante las últimas luces de Mobile y se dirigió a su puesto. Creo que fue la última vez que lo vi en el buque.

Ninguno de los tripulantes del *Caldas* manifestaba su alegría del regreso más estrepitosamente que el suboficial Elías Sabogal, jefe de maquinistas. Era un lobo de mar. Pequeño, de piel curtida, robusto y conversador. Tenía alrededor de cuarenta años y creo que la mayoría de ellos los pasó conversando.

El suboficial Sabogal tenía motivos para estar más contento que nadie. En Cartagena lo esperaban su esposa y sus seis hijos. Pero sólo conocía cinco: el menor había nacido mientras nos encontrábamos en Mobile.

Hasta el amanecer el viaje fue perfectamente tranquilo. En una hora me había acostumbrado nuevamente a la navegación. Las luces de Mobile se perdían en la distancia entre la niebla de un día tranquilo, y por el oriente se veía el sol, que empezaba a levantarse. Ahora no me sentía inquieto, sino fatigado. No había dormido en toda la noche. Tenía sed. Y un mal recuerdo del whisky.

A las seis de la mañana salimos del puerto. Entonces se dio la orden: «Servicio personal, retirarse. Guardias de mar, a sus puestos». Tan pronto como oí la orden me dirigí al dormitorio. Debajo de mi litera, sentado, estaba Luis Rengifo, frotándose los ojos para acabar de despertar.

—¿Por dónde vamos? —me preguntó Luis Rengifo.

Le dije que acabábamos de salir del puerto. Luego subí a mi litera y traté de dormir.

Luis Rengifo era un marino completo. Había nacido en Chocó, lejos del mar, pero llevaba el mar en la sangre. Cuando el *Caldas* entró en reparación en Mobile, Luis Rengifo no formaba parte de su tripulación. Se encontraba en Washington, haciendo un curso de armería. Era serio, estudioso y hablaba el inglés tan correctamente como el castellano.

El 15 de marzo se graduó de ingeniero civil en Washington. Allí se casó, con una dama dominicana, en 1952. Cuando el destructor *Caldas* fue reparado, Luis Rengifo viajó de Washington y fue incorporado a la tripulación. Me había dicho, pocos días antes de salir de Mobile, que lo primero que haría al llegar a Colombia sería adelantar las gestiones para trasladar a su esposa a Cartagena.

Como tenía tanto tiempo de no viajar, yo estaba seguro de que Luis Rengifo sufriría de mareos. Esa primera madrugada de nuestro viaje, mientras se vestía, me preguntó:

—¿Todavía no te has mareado?

Le respondí que no. Rengifo dijo, entonces:

—Dentro de dos o tres horas te veré con la lengua afuera.

—Así te veré yo a ti —le dije. Y él respondió:

—El día que yo me maree, ese día se marea el mar.

Acostado en mi litera, tratando de conciliar el sueño, yo volví a acordarme de la tempestad. Renacieron mis temores de la noche anterior. Otra vez preocupado, me volví hacia donde Luis Rengifo acababa de vestirse y le dije:

—Ten cuidado. No vaya y sea que la lengua te castigue.

2

Mis últimos minutos a bordo del «barco lobo»

Y A estamos en el golfo», me dijo uno de mis
compañeros cuando me levanté a almorzar,
el 26 de febrero. El día anterior había sentido
un poco de temor por el tiempo del golfo de
México. Pero el destructor, a pesar de que se
movía un poco, se deslizaba con suavidad. Pensé
con alegría que mis temores habían sido infun-
dados y salí a cubierta. La silueta de la costa se
había borrado. Sólo el mar verde y el cielo azul
se extendían en torno a nosotros. Sin embargo,
en la media cubierta, el cabo Miguel Ortega estaba sentado, pálido y desencajado, luchando
con el mareo. Eso había empezado desde antes.
Desde cuando todavía no habían desaparecido
las luces de Mobile, y durante las últimas vein-

ticuatro horas, el cabo Miguel Ortega no había podido mantenerse en pie, a pesar de que no era un novato en el mar.

Miguel Ortega había estado en Corea, en la fragata *Almirante Padilla*. Había viajado mucho y estaba familiarizado con el mar. Sin embargo, a pesar de que el golfo estaba tranquilo, fue preciso ayudarlo a moverse para que pudiera prestar la guardia. Parecía un agonizante. No toleraba ninguna clase de alimentos y sus compañeros de guardia lo sentábamos en la popa o en la media cubierta, hasta cuando se recibía la orden de trasladarlo al dormitorio. Entonces se tendía boca abajo en su litera, con la cabeza hacia afuera, esperando la vomitona.

Creo que fue Ramón Herrera quien me dijo, el 26 en la noche, que la cosa se pondría dura en el Caribe. De acuerdo con nuestros cálculos, saldríamos del golfo de México después de la medianoche. En mi puesto de guardia, frente a la torre de los torpedos, yo pensaba con optimismo en nuestra llegada a Cartagena. La noche era clara, y el cielo, alto y redondo, estaba lleno de estrellas. Desde cuando ingresé en la Marina, me aficioné a identificar las estrellas. Esa noche me di gusto, mientras el A.R.C. *Caldas* avanzaba serenamente hacia el Caribe.

Creo que un viejo marinero que haya viajado

por todo el mundo, puede saber en qué mar se encuentra por la manera de moverse el barco. La experiencia en ese mar donde hice mis primeras armas, me indicó que estábamos en el Caribe. Miré el reloj. Eran las doce y treinta minutos de la noche. Las doce y treinta y uno de la madrugada del 27 de febrero. Aunque el buque no se hubiera movido tanto, yo hubiera sabido que estábamos en el Caribe. Pero se movía. Yo, que nunca he sentido mareos, empecé a sentirme intranquilo. Sentí un extraño presentimiento. Y sin saber por qué, me acordé entonces del cabo Miguel Ortega, que estaba allá abajo, en su litera, echando el estómago por la boca.

A las seis de la mañana el destructor se movía como un cascarón. Luis Rengifo estaba despierto, una litera debajo de la mía.

—Gordo —me dijo—. ¿Todavía no te has mareado?

Le dije que no. Pero le manifesté mis temores. Rengifo, que, como he dicho, era ingeniero, muy estudioso y buen marino, me hizo entonces una exposición de los motivos por los cuales no había el menor peligro de que al *Caldas* le ocurriera un accidente en el Caribe. «Es un barco lobo», me dijo. Y me recordó que durante la guerra, en esas mismas aguas, el destructor colombiano había hundido un submarino alemán.

«Es un buque seguro», decía Luis Rengifo. Y yo, acostado en mi litera, sin poder dormir a causa de los movimientos de la nave, me sentía seguro con sus palabras. Pero el viento era cada vez más fuerte a babor, y yo me imaginaba cómo estaría el *Caldas* en medio de aquel tremendo oleaje. En ese momento me acordé de *El motín del Caine.*

A pesar de que el tiempo no varió durante todo el día, la navegación era normal. Cuando prestaba la guardia me puse a hacer proyectos para cuando llegara a Cartagena. Le escribiría a Mary. Pensaba escribirle dos veces por semana, pues nunca he sido perezoso para escribir. Desde cuando ingresé en la Marina, le he escrito todas las semanas a mi familia de Bogotá. Les he escrito a mis amigos del barrio Olaya cartas frecuentes y largas. De manera que le escribiría a Mary, pensé, y saqué en horas la cuenta del tiempo que nos faltaba para llegar a Cartagena: nos faltaban exactamente 24 horas. Aquélla era mi penúltima guardia.

Ramón Herrera me ayudó a arrastrar al cabo Miguel Ortega hacia su litera. Estaba cada vez peor. Desde cuando salimos de Mobile, tres días antes, no había probado alimento. Casi no podía hablar y tenía el rostro verde y descompuesto.

Empieza el baile

El baile empezó a las diez de la noche. Durante todo el día el *Caldas* se había movido, pero no tanto como en esa noche del 27 de febrero en que yo, desvelado en mi litera, pensaba con pavor en la gente que estaba de guardia en cubierta. Yo sabía que ninguno de los marineros que estaban allí, en sus literas, había podido conciliar el sueño. Un poco antes de las doce le dije a Luis Rengifo, mi vecino de abajo:

—¿Todavía no te has mareado?

Como lo había supuesto, Luis Rengifo tampoco podía dormir. Pero a pesar del movimiento del barco, no había perdido el buen humor. Dijo:

—Ya te dije que el día que yo me maree, ese día se marea el mar.

Era una frase que repetía con frecuencia. Pero esa noche casi no tuvo tiempo de terminarla.

He dicho que sentía inquietud. He dicho que sentía algo muy parecido al miedo. Pero no me cabe la menor duda de lo que sentí a la medianoche del 27, cuando a través de los altoparlantes se dio una orden general: «Todo el personal pasarse al lado de babor».

Yo sabía lo que significaba esa orden. El barco estaba escorando peligrosamente a estribor y se trataba de equilibrarlo con nuestro peso. Por primera vez, en dos años de navegación, tuve un verdadero miedo del mar. El viento silbaba, allá arriba, donde el personal de cubierta debía estar empapado y tiritando.

Tan pronto como oí la orden salté de la tarima. Con mucha calma, Luis Rengifo se puso en pie y se fue a una de las tarimas de babor, que estaban desocupadas, porque pertenecían al personal de guardia. Agarrándome a las otras literas, traté de caminar, pero en ese instante me acordé de Miguel Ortega.

No podía moverse. Cuando oyó la orden había tratado de levantarse, pero había caído nuevamente en su litera, vencido por el mareo y el agotamiento. Lo ayudé a incorporarse y lo coloqué en su litera de babor. Con la voz apagada me dijo que se sentía muy mal.

—Vamos a conseguir que no hagas la guardia —le dije.

Puede parecer un mal chiste, pero si Miguel Ortega se hubiera quedado en su litera ahora no estaría muerto.

Sin haber dormido un minuto, a las cuatro de la madrugada del 28 nos reunimos en popa seis de la guardia disponible. Entre ellos Ramón Herrera, mi compañero de todos los días. El suboficial de guardia era Guillermo Rozo.

Aquélla fue mi última misión a bordo. Sabía que a las dos de la tarde estaríamos en Cartagena. Pensaba dormir tan pronto como entregara la guardia, para poder divertirme esa noche en tierra firme, después de ocho meses de ausencia. A las cinco y media de la madrugada fui a pasar revista a los bajos fondos acompañado por un grumete. A las siete relevamos los puestos de servicio efectivo para desayunar. A las ocho volvieron a relevarnos. Exactamente a esa hora entregué mi última guardia, sin novedad, a pesar de que la brisa arreciaba y de que las olas, cada vez más altas, reventaban en el puente y bañaban la cubierta.

En popa estaba Ramón Herrera. Allí estaba también, como salvavidas de guardia, Luis Rengifo, con los auriculares puestos. En la media cubierta, recostado, agonizando con su eterno mareo, estaba el cabo Miguel Ortega. En ese lugar se sentía menos el movimiento. Conversé un momento con el marinero segundo Eduardo Castillo, almacenista, soltero, bogotano y muy reservado. No recuerdo de qué hablábamos. Sólo sé que desde ese instante no volvimos a vernos, hasta cuando se hundió en el mar, pocas horas después.

Ramón Herrera estaba recogiendo unos cartones para cubrirse con ellos y tratar de dormir.

Con el movimiento era imposible descansar en los dormitorios. Las olas, cada vez más fuertes y altas, estallaban en la cubierta. Entre las neveras, las lavadoras y las estufas, fuertemente aseguradas en la popa, Ramón Herrera y yo nos acostamos, bien ajustados, para evitar que nos arrastrara una ola. Tendido boca arriba yo contemplaba el cielo. Me sentía más tranquilo, acostado, con la seguridad de que dentro de pocas horas estaríamos en la bahía de Cartagena. No había tempestad; el día estaba perfectamente claro, la visibilidad era completa y el cielo estaba profundamente azul. Ahora ni siquiera me apretaban las botas, pues me las había cambiado por unos zapatos de caucho después de que entregué la guardia.

Un minuto de silencio

Luis Rengifo me preguntó la hora. Eran las once y media. Desde hacía una hora el buque empezó a escorar, a inclinarse peligrosamente a estribor. A través de los altavoces se repitió la orden de la noche anterior: «Todo el personal ponerse al lado de babor». Ramón Herrera y yo no nos movimos, porque estábamos de ese lado.

Pensé en el cabo Miguel Ortega, a quien un momento antes había visto a estribor, pero casi en el mismo instante lo vi pasar tambaleando. Se tumbó a babor, agonizando con su mareo. En ese instante el buque se inclinó pavorosamente; se fue. Aguanté la respiración. Una ola enorme reventó sobre nosotros y quedamos empapados, como si acabáramos de salir del mar. Con mucha lentitud, trabajosamente, el destructor recobró su posición normal. En la guardia, Luis Rengifo estaba lívido. Dijo, nerviosamente:

—¡Qué vaina! Este buque se está yendo y no quiere volver.

Era la primera vez que veía nervioso a Luis Rengifo. Junto a mí, Ramón Herrera, pensativo, enteramente mojado, permanecía silencioso. Hubo un instante de silencio total. Luego, Ramón Herrera dijo:

—A la hora que manden cortar cabos para que la carga se vaya al agua, yo soy el primero en cortar.

Eran las once y cincuenta minutos.

Yo también pensaba que de un momento a otro ordenarían cortar las amarras de la carga. Es lo que se llama «zafarrancho de aligeramiento». Radios, neveras y estufas habrían caído al agua tan pronto como hubieran dado la orden. Pensé que en ese caso tendría que bajar al dormitorio, pues en la popa estábamos seguros porque habíamos logrado asegurarnos entre las neveras y las estufas. Sin ellas nos habría arrastrado la ola.

El buque seguía defendiéndose del oleaje, pero cada vez escoraba más. Ramón Herrera rodó una carpa y se cubrió con ella. Una nueva ola, más grande que la anterior, volvió a reventar sobre nosotros, que ya estábamos protegidos por la carpa. Me sujeté la cabeza con las manos, mientras pasaba la ola, y medio minuto después carraspearon los altavoces.

«Van a dar la orden de cortar la carga», pensé. Pero la orden fue otra, dada con una voz segura y reposada: «Personal que transita en cubierta, usar salvavidas».

Calmadamente, Luis Rengifo sostuvo con una mano los auriculares y se puso el salvavidas con la otra. Como después de cada ola grande, yo sentía primero un gran vacío y después un profundo silencio. Vi a Luis Rengifo que, con el salvavidas puesto, volvió a colocarse los auriculares. Entonces cerré los ojos y oí perfectamente el tic-tac de mi reloj.

Escuché el reloj durante un minuto, aproximadamente. Ramón Herrera no se movía. Calculé que debía faltar un cuarto para las doce. Dos horas para llegar a Cartagena. El buque pareció suspendido en el aire un segundo. Saqué la mano para mirar la hora, pero en ese instante no vi el brazo, ni la mano, ni el reloj. No vi la ola. Sentí que la nave se iba del todo y que la carga en que me apoyaba se estaba rodando. Me puse en pie, en una fracción de segundo, y el agua me llegaba al cuello. Con los ojos desorbitados, verde y silencioso, vi a Luis Rengifo que trataba de sobresalir, sosteniendo los auriculares en alto. Entonces el agua me cubrió por completo y empecé a nadar hacia arriba.

Tratando de salir a flote, nadé hacia arriba por espacio de uno, dos, tres segundos. Seguí nadando hacia arriba. Me faltaba aire. Me asfixiaba. Traté de agarrarme a la carga, pero ya la carga no estaba allí. Ya no había nada alrededor. Cuando salí a flote no vi en torno a mí nada distinto del mar. Un segundo después, como a cien metros de distancia, el buque surgió de entre las olas, chorreando agua por todos los lados, como un submarino. Sólo entonces me di cuenta de que había caído al agua.

3

Viendo ahogarse a cuatro de mis compañeros

Mi primera impresión fue la de estar absolutamente solo en la mitad del mar. Sosteniéndome a flote vi que otra ola reventaba contra el destructor, y que éste, como a doscientos metros del lugar en que me encontraba, se precipitaba en un abismo y desaparecía de mi vista. Pensé que se había hundido. Y un momento después, confirmando mi pensamiento, surgieron en torno a mí numerosas cajas de la mercancía con que el destructor había sido cargado en Mobile. Me sostuve a flote entre cajas de ropa, radios, neveras y toda clase de utensilios domésticos que saltaban confusamente, batidos por las olas. No tuve en ese instante ninguna idea precisa de lo que estaba sucediendo. Un poco atolondrado, me aferré a una de las cajas flotantes y estúpidamente me puse a contemplar el mar. El día era de una claridad perfecta. Salvo el fuerte oleaje producido por la brisa y la mercancía dispersa en la superficie, no había nada en ese lugar que pareciera un naufragio.

De pronto comencé a oír gritos cercanos. A través del cortante silbido del viento reconocí perfectamente la voz de Julio Amador Caraballo, el alto y bien plantado segundo contramaestre, que le gritaba a alguien:

—Agárrese de ahí, por debajo del salvavidas.

Fue como si en ese instante hubiera despertado de un profundo sueño de un minuto. Me di cuenta de que no estaba solo en el mar. Allí, a pocos metros de distancia, mis compañeros se gritaban unos a otros, manteniéndose a flote. Rápidamente comencé a pensar. No podía nadar hacia ningún lado. Sabía que estábamos a casi doscientas millas de Cartagena, pero tenía confundido el sentido de la orientación. Sin embargo, todavía no sentía miedo. Por un momento pensé que podría estar aferrado a la caja indefinidamente, hasta cuando vinieran en nuestro auxilio. Me tranquilizaba saber que, alrededor de mí, otros marinos se encontraban en iguales circunstancias. Entonces fue cuando vi la balsa.

Eran dos, aparejadas, como a siete metros de

distancia la una de la otra. Aparecieron inesperadamente en la cresta de una ola, del lado donde gritaban mis compañeros. Me pareció extraño que ninguno de ellos hubiera podido alcanzarlas. En un segundo, una de las balsas desaparecía de mi vista. Vacilé entre correr el riesgo de nadar hacia la otra o permanecer seguro, agarrado a la caja. Pero antes de que hubiera tenido tiempo de tomar una determinación, me encontré nadando hacia la última balsa visible, cada vez más lejana. Nadé por espacio de tres minutos. Por un instante dejé de ver la balsa, pero procuré no perder la dirección. Bruscamente, un golpe de la ola la puso al lado mío, blanca, enorme y vacía. Me agarré con fuerza al enjaretado y traté de saltar al interior. Sólo lo logré a la tercera tentativa. Ya dentro de la balsa, jadeante, azotado por la brisa, implacable y helada, me incorporé trabajosamente. Entonces vi a tres de mis compañeros alrededor de la balsa, tratando de alcanzarla.

Los reconocí al instante. Eduardo Castillo, el almacenista, se agarraba fuertemente al cuello de Julio Amador Caraballo. Éste, que estaba de guardia efectiva cuando ocurrió el accidente, tenía puesto el salvavidas. Gritaba: «Agárrese duro, Castillo». Flotaban entre la mercancía dispersa, como a diez metros de distancia.

Del otro lado estaba Luis Rengifo. Pocos minutos antes lo había visto en el destructor, tratando de sobresalir con los auriculares levantados en la mano derecha. Con su serenidad habitual, con esa confianza de buen marinero con que decía que antes que él se marearía el mar, se había quitado la camisa para nadar mejor, pero había perdido el salvavidas. Aunque no lo hubiera visto, lo habría reconocido por su grito:

—Gordo, rema para este lado.

Rápidamente agarré los remos y traté de acercarme a ellos. Julio Amador, con Eduardo Castillo fuertemente colgado del cuello, se aproximaba a la balsa. Mucho más allá, pequeño y desolado, vi al cuarto de mis compañeros: Ramón Herrera, que me hacía señas con la mano, agarrado a una caja.

¡Sólo tres metros!

Si hubiera tenido que decidirlo, no habría sabido por cuál de mis compañeros empezar. Pero cuando vi a Ramón Herrera, el de la bronca en Mobile, el alegre muchacho de Arjona que pocos minutos antes estaba conmigo en la popa, empecé a remar con desesperación. Pero la balsa tenía casi dos metros de largo. Era muy pesada en aquel mar encabritado y yo tenía que remar contra la brisa. Creo que no logré hacerla avanzar un metro. Desesperado, miré otra vez alrededor y ya Ramón Herrera había desaparecido de la superficie. Sólo Luis Rengifo nadaba con seguridad hacia la balsa. Yo estaba seguro de que la alcanzaría. Lo había oído roncar como un trombón, debajo de mi tarima, y estaba convencido de que su serenidad era más fuerte que el mar.

En cambio, Julio Amador luchaba con Eduardo Castillo para que no se soltara de su cuello. Estaban a menos de tres metros. Pensé que si se acercaban un poco más podría tenderles un remo para que se agarrasen. Pero en ese instante una ola gigantesca suspendió la balsa en el aire y vi, desde la cresta enorme, el mástil del destructor, que se alejaba. Cuando volví a descender, Julio Amador había desaparecido, con Eduardo Castillo agarrado al cuello. Sólo, a dos metros de distancia, Luis Rengifo seguía nadando serenamente hacia la balsa.

No sé por qué hice esa cosa absurda: sabiendo que no podía avanzar, metí el remo en el agua, como tratando de evitar que la balsa se moviera, como tratando de clavarla en su sitio. Luis

Rengifo, fatigado, se detuvo un instante, levantó la mano como cuando sostenía en ella los auriculares, y me gritó otra vez:

—¡Rema para acá, gordo!

La brisa venía en la misma dirección. Le grité que no podía remar contra la brisa, que hiciera un último esfuerzo, pero tuve la sensación de que no me oyó. Las cajas de mercancías habían desaparecido y la balsa bailaba de un lado a otro, batida por las olas. En un instante estuve a más de cinco metros de Luis Rengifo, y lo perdí de vista. Pero apareció por otro lado, todavía sin desesperarse, hundiéndose contra las olas para evitar que lo alejaran. Yo estaba de pie, ahora con el remo en alto esperando que Luis Rengifo se acercara lo suficiente como para que pudiera alcanzarlo. Pero entonces noté que se fatigaba, se desesperaba. Volvió a gritarme, hundiéndose ya:

—¡Gordo... Gordo!

Traté de remar, pero... seguía siendo inútil, como la primera vez. Hice un último esfuerzo para que Luis Rengifo alcanzara el remo, pero la mano levantada, la que pocos minutos antes había tratado de evitar que se hundieran los auriculares, se hundió en ese momento para siempre, a menos de dos metros del remo...

No sé cuánto tiempo estuve así, parado, haciendo equilibrio en la balsa, con el remo levantado. Examinaba el agua. Esperaba que de un momento a otro surgiera alguien en la superficie. Pero el mar estaba limpio y el viento, cada vez más fuerte, golpeaba contra mi camisa con un aullido de perro. La mercancía había desaparecido. El mástil, cada vez más distante, me indicó que el destructor no se había hundido, como lo creí al principio. Me sentí tranquilo: pensé que dentro de un momento vendrían a buscarme. Pensé que alguno de mis compañeros había logrado alcanzar la otra balsa. No había razón para que no lo hubieran logrado. No eran balsas dotadas, porque la verdad es que ninguna de las balsas del destructor estaba dotada. Pero había seis en total, aparte de los botes y balleneras. Pensaba que era enteramente normal que algunos de mis compañeros hubieran alcanzado las otras balsas, como alcancé yo la mía, y que acaso el destructor nos estuviera buscando.

De pronto me di cuenta del sol. Un sol caliente y metálico, del puro mediodía. Atontado, todavía sin recobrarme por completo, miré el reloj. Eran las doce clavadas.

Solo

La última vez que Luis Rengifo me preguntó la hora, en el destructor, eran las once y media. Vi nuevamente la hora a las once y cincuenta, y todavía no había ocurrido la catástrofe. Cuando miré el reloj en la balsa, eran las doce en punto. Me pareció que hacía mucho tiempo que todo había ocurrido, pero en realidad sólo habían transcurrido diez minutos desde el instante en que vi por última vez el reloj, en la popa del destructor, y el instante en que alcancé la balsa y traté de salvar a mis compañeros, y me quedé allí, inmóvil, de pie en la balsa, viendo el mar vacío, oyendo el cortante aullido del viento y pensando que transcurrirían por lo menos dos o tres horas antes de que vinieran a rescatarme.

«Dos o tres horas», calculé. Me pareció un tiempo desproporcionadamente largo para estar solo en el mar. Pero traté de resignarme. No tenía alimentos ni agua y pensaba que antes de las tres de la tarde la sed sería abrasadora. El sol me ardía en la cabeza, me empezaba a quemar la piel, seca y endurecida por la sal. Como en la caída había perdido la gorra, volví a mojarme la cabeza y me senté al borde de la balsa, mientras venían a rescatarme.

Sólo entonces sentí el dolor en la rodilla derecha. Mi grueso pantalón de dril azul estaba mojado, de manera que me costó trabajo enrollarlo hasta más arriba de la rodilla. Pero cuando lo logré me sentí sobresaltado: tenía una herida honda, en forma de media luna, en la parte inferior de la rodilla. No sé si tropecé con el borde del barco. No sé si me hice la herida al caer al agua. Sólo sé que no me di cuenta de ella sino cuando ya estaba sentado en la balsa, y que a pesar de que me ardía un poco, había dejado de sangrar y estaba perfectamente seca, me imagino que a causa de la sal marina. Sin saber en qué pensar, me puse a hacer un inventario de mis cosas. Quería saber con qué contaba en la soledad del mar. En primer término, contaba con mi reloj, que funcionaba con precisión y que no podía dejar de mirar cada dos, tres minutos. Tenía, además de mi anillo de oro, comprado en Cartagena el año pasado, mi cadena con la medalla de la Virgen del Carmen, también comprada en Cartagena a otro marino por treinta y cinco pesos. En los bolsillos no tenía más que las llaves de mi armario del destructor, y tres tarjetas que me dieron en un almacén de Mobile, un día del mes de enero en que fui de compras con Mary Address. Como no tenía nada que hacer, me puse a leer las tarjetas para distraerme mientras me rescataban. No sé por qué me pareció que eran como un mensaje en clave que los náufragos echan al mar dentro de una botella. Y creo que si en ese instante hubiera tenido una botella, hubiera metido dentro una de las tarjetas, jugando al náufrago, para tener esa noche algo divertido que contarles a mis amigos en Cartagena.

4

Mi primera noche solo en el Caribe

A las cuatro de la tarde se calmó la brisa. Como no veía nada más que agua y cielo, como no tenía puntos de referencia, transcurrieron más de dos horas antes de que me diera cuenta de que la balsa estaba avanzando. Pero en realidad, desde el momento en que me encontré dentro de ella, empezó a moverse en línea recta, empujada por la brisa, a una velocidad mayor de la que yo habría podido imprimirle con los remos. Sin embargo, no tenía la menor idea sobre mi dirección ni posición. No sabía si la balsa avanzaba hacia la costa o hacia el interior del Caribe. Esto último me parecía lo más probable, pues siempre había considerado imposible que el mar arrojara a la tierra alguna cosa que hubiera penetrado doscientas millas, y menos si esa cosa era algo tan pesado como un hombre en una balsa.

Durante mis primeras dos horas seguí mentalmente, minuto a minuto, el viaje del destructor. Pensé que si habían telegrafiado a Cartagena, habían dado la posición exacta del lugar en que ocurrió el accidente, y que desde ese momento habían enviado aviones y helicópteros a rescatarnos. Hice mis cálculos: antes de una hora los aviones estarían allí, dando vueltas sobre mi cabeza.

A la una de la tarde me senté en la balsa a escrutar el horizonte. Solté los tres remos y los puse en el interior, listo a remar en la dirección en que aparecieran los aviones. Los minutos eran largos e intensos. El sol me abrasaba el rostro y las espaldas y los labios me ardían, cuarteados por la sal. Pero en ese momento no sentía sed ni hambre. La única necesidad que sentía era la de que aparecieran los aviones. Ya tenía mi plan: cuando los viera aparecer trataría de remar hacia ellos, luego, cuando estuvieran sobre mí, me pondría de pie en la balsa y les haría señales con la camisa. Para estar preparado, para no perder un minuto, me desabotoné la camisa y seguí sentado en la borda, escrutando el horizonte por todos lados, pues no tenía la menor idea de la dirección en que aparecerían los aviones.

Así llegaron las dos. La brisa seguía aullando, y por encima del aullido de la brisa yo seguía oyendo la voz de Luis Rengifo: «Gordo, rema para este lado». La oía con perfecta claridad, como si estuviera allí, a dos metros de distancia, tratando de alcanzar el remo. Pero yo sabía que cuando el viento aúlla en el mar, cuando las olas se rompen contra los acantilados, uno sigue oyendo las voces que recuerda. Y las sigue oyendo con enloquecedora persistencia: «Gordo, rema para este lado».

A las tres empecé a desesperarme. Sabía que a esa hora el destructor estaba en los muelles de Cartagena. Mis compañeros, felices por el regreso, se dispersarían dentro de pocos momentos por la ciudad. Tuve la sensación de que todos estaban pensando en mí, y esa idea me infundió ánimo y paciencia para esperar hasta las cuatro. Aunque no hubieran telegrafiado, aunque no se hubieran dado cuenta de que caímos al agua, lo habrían advertido en el momento de atracar, cuando toda la tripulación debía estar en cubierta. Eso pudo ser a las tres, a más tardar; inmediatamente habrían dado el aviso. Por mucho que hubieran demorado los aviones en despegar, antes de media hora estarían volando hacia el lugar del accidente. Así que a las cuatro —a más tardar a las cuatro y media— estarían volando sobre mi cabeza. Seguí escrutando el horizonte, hasta cuando cesó la brisa y me sentí envuelto en un inmenso y sordo rumor. Sólo entonces dejé de oír el grito de Luis Rengifo.

La gran noche

Al principio me pareció que era imposible permanecer tres horas solo en el mar. Pero a las cinco, cuando ya habían transcurrido cinco horas, me pareció que aún podía esperar una hora más. El sol estaba descendiendo. Se puso rojo y grande en el ocaso, y entonces empecé a orientarme. Ahora sabía por dónde aparecerían los aviones: puse el sol a mi izquierda y miré en línea recta, sin moverme, sin desviar la vista un solo instante, sin atreverme a pestañear, en la dirección en que debía de estar Cartagena, según mi orientación. A las seis me dolían los ojos. Pero seguía mirando. Incluso después de que empezó a oscurecer, seguí mirando con una paciencia dura y rebelde. Sabía que entonces no vería los aviones, pero vería las luces verdes y rojas, avanzando hacia mí, antes de percibir el ruido de sus motores. Quería ver las luces, sin pensar que desde los aviones no podrían verme en la oscuridad. De pronto el cielo se puso rojo, y yo seguía escrutando el horizonte. Luego se puso color de violetas oscuras, y yo seguía mirando. A un lado de la balsa, como un diamante amarillo en el cielo color de vino, fija y cuadrada, apareció la primera estrella. Fue como una señal. Inmediatamente después, la noche, apretada y tensa, se derrumbó sobre el mar.

Mi primera impresión, al darme cuenta de que estaba sumergido en la oscuridad, de que ya no podía ver la palma de mi mano, fue la de que no podría dominar el terror. Por el ruido del agua contra la borda, sabía que la balsa seguía avanzando lenta pero incansablemente. Hundido en las tinieblas me di cuenta entonces de que no había estado tan solo en las horas del día. Estaba más solo en la oscuridad, en la balsa que no veía pero que sentía debajo de mí, deslizándose sordamente sobre un mar espeso y poblado de animales extraños. Para sentirme menos solo me puse a mirar el cuadrante de mi reloj. Eran las siete menos diez. Mucho tiempo después, como a las dos, a las tres horas, eran las siete menos cinco. Cuando el minutero llegó al número doce eran las siete en punto y el cielo estaba apretado de estrellas. Pero a mí me parecía que había transcurrido tanto tiempo que ya era hora de que empezara a amanecer. Desesperadamente, seguía pensando en los aviones.

Empecé a sentir frío. Es imposible permanecer seco un minuto dentro de una balsa. Incluso cuando uno se sienta en la borda medio cuerpo queda dentro del agua, porque el piso de la balsa cuelga como una canasta, más de medio metro por debajo de la superficie. A las ocho de la noche el agua era menos fría que el aire. Yo sabía que en el piso de la balsa estaría a salvo de animales, porque la red que protege el piso les impide acercarse. Pero eso se aprende en la escuela y se cree en la escuela, cuando el instructor hace la demostración en un modelo reducido de la balsa, y uno está sentado en un banco, entre cuarenta compañeros y a las dos de la tarde. Pero cuando se está solo en el mar, a las ocho de la noche y sin esperanzas, se piensa que no hay ninguna lógica en las palabras del instructor. Yo sabía que tenía medio cuerpo metido en un mundo que no pertenecía a los hombres sino a los animales del mar y a pesar del viento helado que me azotaba la camisa no me atrevía a moverme de la borda. Según el instructor, ése es el lugar menos seguro de la balsa. Pero, con todo, sólo allí me sentía más lejos de los animales: esos animales enormes y desconocidos que oía pasar misteriosamente junto a la balsa.

Esa noche me costó trabajo encontrar la Osa Menor, perdida en una confusa e interminable maraña de estrellas. Nunca había visto tantas. En toda la extensión del cielo era difícil encontrar un punto vacío. Pero desde cuando localicé la Osa Menor no me atreví a mirar hacia otro lado. No sé por qué me sentía menos solo mirando la Osa Menor. En Cartagena, cuando teníamos franquicia, nos sentábamos en el puente de Manga a la madrugada, mientras Ramón Herrera cantaba, imitando a Daniel Santos, y alguien lo acompañaba con una guitarra.

Sentado en el borde de la piedra, yo descubría siempre la Osa Menor, por los lados del Cerro de la Popa. Esa noche, en el borde de la balsa, sentí por un instante como si estuviera en el puente de Manga, como si Ramón Herrera hubiera estado junto a mí, cantando acompañado por una guitarra, y como si la Osa Menor no hubiera estado a doscientas millas de la tierra, sino sobre el Cerro de la Popa. Pensaba que a esa hora alguien estaba mirando la Osa Menor en Cartagena, como yo la miraba en el mar, y esa idea hacía que me sintiera menos solo.

Lo que hizo más larga mi primera noche en el mar fue que en ella no ocurrió absolutamente nada. Es imposible describir una noche en una balsa, cuando nada sucede y se tiene terror a los animales, y se tiene un reloj fosforescente que es imposible dejar de mirar un solo minuto. La noche del 28 de febrero —que fue mi primera noche en el mar— miré al reloj cada minuto. Era una tortura. Desesperadamente resolví quitármelo, guardarlo en el bolsillo para no estar pendiente de la hora. Cuando me pareció que era imposible resistir, faltaban veinte minutos para las nueve de la noche. Todavía no sentía sed ni hambre y estaba seguro de que podría resistir hasta el día siguiente, cuando vinieran los aviones. Pero pensaba que me volvería loco el reloj. Preso de angustia, me lo quité de la muñeca para echármelo al bolsillo, pero cuando lo tuve en la mano se me ocurrió que lo mejor era arrojarlo al mar. Vacilé un instante. Luego sentí terror: pensé que estaría más solo sin el reloj. Volví a ponérmelo en la muñeca y seguí mirándolo, minuto a minuto, como esa tarde había estado mirando el horizonte en espera de los aviones; hasta cuando me dolieron los ojos.

Después de las doce sentí deseos de llorar. No había dormido un segundo, pero ni siquiera lo había intentado. Con la misma esperanza con que esa tarde esperé ver aviones en el horizonte, estuve esa madrugada buscando luces de barcos. Permanecí largas horas escrutando el mar; un mar tranquilo, inmenso y silencioso, pero no vi una sola luz distinta de las estrellas. El frío fue más intenso en las horas de la madrugada y me parecía que mi cuerpo se había vuelto resplandeciente, con todo el sol de la tarde incrustado debajo de la piel. Con el frío me ardía más. La rodilla derecha empezó a dolerme después de las doce y sentía como si el agua hubiera penetrado hasta los huesos. Pero ésas eran sensaciones remotas. No pensaba tanto en mi cuerpo como en las luces de los barcos. Y pensaba que en medio de aquella soledad infinita, en medio del oscuro rumor del mar, no necesitaba sino ver la luz de un barco, para dar un grito que se habría oído a cualquier distancia.

La luz de cada día

No amaneció lentamente, como en la tierra. El cielo se puso pálido, desaparecieron las primeras estrellas y yo seguía mirando primero el reloj y luego el horizonte. Aparecieron los contornos del mar. Habían transcurrido doce horas, pero me parecía imposible. Es imposible que la noche sea tan larga como el día. Se necesita haber pasado una noche en el mar, sentado en una balsa y contemplando un reloj, para saber que la noche es desmesuradamente más larga que el día. Pero de pronto empieza a amanecer, y entonces uno se siente demasiado cansado para saber que está amaneciendo.

Eso me ocurrió en aquella primera noche de la balsa. Cuando empezó a amanecer ya nada me importaba. No pensé ni en el agua ni en la comida. No pensé en nada hasta cuando el viento empezó a ponerse tibio y la superficie del mar se volvió lisa y dorada. No había dormido un segundo en toda la noche, pero en aquel instante sentí como si hubiera despertado. Cuando me estiré en la balsa los huesos me dolían. Me dolía la piel. Pero el día era resplandeciente y tibio, y en medio de la claridad, del rumor del viento que empezaba a levantarse yo me sentía con renovadas fuerzas para esperar. Y me sentí profusamente acompañado en la balsa. Por primera vez en los veinte años de mi vida me sentí entonces perfectamente feliz.

La balsa seguía avanzando, no podía calcular cuánto había avanzado durante la noche, pero todo seguía siendo igual en el horizonte, como si no me hubiera movido un centímetro. A las siete de la mañana pensé en el destructor. Era la hora del desayuno. Pensaba que mis compañeros estaban sentados en la mesa comiéndose una manzana. Después nos llevarían huevos. Después carne. Después pan y café con leche. La boca se me llenó de saliva y sentí una torcedura leve en el estómago. Para distraer aquella idea me sumergí en el fondo de la balsa hasta el cuello. El agua fresca en la espalda abrasada me hizo sentir fuerte y aliviado. Estuve así largo tiempo, sumergido, preguntándome por qué me fui a la popa con Ramón Herrera, en lugar de acostarme en mi litera. Reconstruí minuto a minuto la tragedia y me consideré como un estúpido. No había ninguna razón para que yo hubiera sido una de las víctimas: no estaba de guardia, no tenía obligación de estar en cubierta. Pensé que todo había sido por culpa de la mala suerte y entonces volví a sentir un poco de angustia. Pero cuando miré el reloj volví a tranquilizarme. El día avanzaba rápidamente: eran las once y media.

Un punto negro en el horizonte

La proximidad del mediodía me hizo pensar otra vez en Cartagena. Pensé que era imposible que no hubieran advertido mi desaparición.

Hasta llegué a lamentar el haber alcanzado la balsa, pues me imaginé por un instante que mis compañeros habían sido rescatados, y que el único que andaba a la deriva era yo, porque la balsa había sido empujada por la brisa. Incluso atribuí a la mala suerte el haber alcanzado la balsa.

No había acabado de madurar esa idea cuando creí ver un punto en el horizonte. Me incorporé con la vista fija en aquel punto negro que avanzaba. Eran las once y cincuenta. Miré con tanta intensidad, que en un momento el cielo se llenó de puntos luminosos. Pero el punto negro seguía avanzando, directamente hacia la balsa. Dos minutos después de haberlo descubierto empecé a ver perfectamente su forma. A medida que se acercaba por el cielo, luminoso y azul, lanzaba cegadores destellos metálicos. Poco a poco se fue definiendo entre los otros puntos luminosos. Me dolía el cuello y ya no soportaba el resplandor del cielo en los ojos. Pero seguía mirándolo: era brillante, veloz, y venía directamente hacia la balsa. En ese instante no me sentí feliz. No sentí una emoción desbordada. Sentí una gran lucidez y una serenidad extraordinaria, de pie en la balsa, mientras el avión se acercaba. Calmadamente me quité la camisa. Tenía la sensación de que sabía cuál era el ins-

tante preciso en que debía empezar a hacer señas con la camisa. Permanecí un minuto, dos
minutos, con la camisa en la mano, esperando a
que el avión se acercara un poco más. Venía
directamente hacia la balsa. Cuando levanté el
brazo y empecé a agitar la camisa, oía perfectamente, por encima del ruido de las olas, el
creciente y vibrante ruido de sus motores.

5

Yo tuve un compañero a bordo de la balsa

AGITÉ la camisa desesperadamente, durante
cinco minutos por lo menos. Pero pronto me di
cuenta de que me había equivocado: el avión no
venía hacia la balsa. Cuando vi crecer el punto
negro me pareció que pasaría por encima de mi
cabeza. Pero pasó muy distante, y a una altura
desde la cual era imposible que me vieran.
Luego dio una larga vuelta, tomó la dirección
de regreso y empezó a perderse en el mismo
lugar del cielo por donde había aparecido. De
pie en la balsa, expuesto al sol ardiente, estuve
mirando el punto negro, sin pensar en nada,
hasta cuando se borró por completo en el horizonte. Entonces volví a sentarme. Me sentí
desgraciado, pero como aún no había perdido

la esperanza, decidí tomar precauciones para protegerme del sol. En primer término no debía exponer los pulmones a los rayos solares. Eran las doce del día. Llevaba exactamente 24 horas en la balsa. Me acosté de cara al cielo en la borda y me puse sobre el rostro la camisa húmeda. No traté de dormir porque sabía el peligro que me amenazaba si me quedaba dormido en la borda. Pensé en el avión: no estaba muy seguro de que me estuviera buscando. No me fue posible identificarlo. Allí, acostado en la borda, sentí por primera vez la tortura de la sed. Al principio fue la saliva espesa y la sequedad en la garganta. Me provocó tomar agua del mar, pero sabía que me perjudicaba. Podría tomar un poco, más tarde. De pronto me olvidé de la sed. Allí mismo, sobre mi cabeza, más fuerte que el ruido de las olas, oí el ruido de otro avión.

Emocionado, me incorporé en la balsa. El avión se acercaba, por donde había llegado el otro, pero éste venía directamente hacia la balsa. En el instante en que pasó sobre mi cabeza volví a agitar la camisa. Pero iba demasiado alto. Pasó de largo; se fue; desapareció. Luego dio la vuelta y lo vi de perfil sobre el horizonte, volando en la dirección en que había llegado: «Ahora me están buscando», pensé. Y esperé en la borda, con la camisa en la mano, a que llegaran nuevos aviones.

Algo había sacado en claro de los aviones: aparecían y desaparecían por un mismo punto. Eso significaba que allí estaba la tierra. Ahora sabía hacia dónde debía dirigirme. ¿Pero cómo? Por mucho que la balsa hubiera avanzado durante la noche, debía estar aún muy lejos de la costa. Sabía en qué dirección encontrarla, pero ignoraba en absoluto cuánto tiempo debía remar, con aquel sol que empezaba a ampollarme la piel y con aquella hambre que me dolía en el estómago. Y sobre todo, con aquella sed. Cada vez me resultaba más difícil respirar.

A las doce y treinta y cinco, sin que yo hubiera advertido en qué momento, llegó un enorme avión negro, con pontones de acuatizaje, pasó bramando por encima de mi cabeza. El corazón me dio un salto. Lo vi perfectamente. El día era muy claro, de manera que pude ver nítidamente la cabeza de un hombre asomado a la cabina, examinando el mar con un par de binóculos negros. Pasó tan bajo, tan cerca de mí, que me pareció sentir en el rostro el fuerte aletazo de sus motores. Lo identifiqué perfectamente por las letras de sus alas: era un avión del servicio de guardacostas de la Zona del Canal.

Cuando se alejó trepidando hacia el interior del Caribe no dudé un solo instante de que el hombre de los binóculos me había visto agitar la camisa. «¡Me han descubierto!», grité, dichoso, todavía agitando la camisa. Loco de emoción, me puse a dar saltos en la balsa.

¡Me habían visto!

Antes de cinco minutos, el mismo avión negro volvió a pasar en la dirección contraria, a igual altura que la primera vez. Volaba inclinado sobre el ala izquierda y en la ventanilla de ese lado vi de nuevo, perfectamente, al hombre que examinaba el mar con los binóculos. Volví a agitar la camisa. Ahora no la agitaba desesperadamente. La agitaba con calma, no como si estuviera pidiendo auxilio, sino como lanzando un emocionado saludo de agradecimiento a mis descubridores.

A medida que avanzaba me pareció que iba perdiendo altura. Por un momento estuvo volando en línea recta, casi al nivel del agua. Pensé que estaba acuatizando y me preparé a remar hacia el lugar en que descendiera. Pero un instante después volvió a tomar altura, dio la vuelta y pasó por tercera vez sobre mi cabeza. Entonces no agité la camisa con desesperación. Aguardé que estuviera exactamente sobre la balsa. Le hice una breve señal y esperé que pasara de nuevo, cada vez más bajo. Pero ocurrió todo lo contrario: tomó altura rápidamente y se perdió por donde había aparecido. Sin embargo, no tenía por qué preocuparme. Estaba seguro de que me habían visto. Era imposible que no me hubieran visto, volando tan bajo y exactamente sobre la balsa. Tranquilo, despreocupado y feliz, me senté a esperar.

Esperé una hora. Había sacado una conclusión muy importante: el punto donde aparecieron los primeros aviones estaba sin duda sobre Cartagena. El punto por donde desapareció el avión negro estaba sobre Panamá. Calculé que remando en línea recta, desviándome un poco de la dirección de la brisa llegaría aproximadamente al balneario de Tolú. Ése era más o menos el punto intermedio entre los dos puntos por donde desaparecieron los aviones.

Había calculado que en una hora estarían rescatándome. Pero la hora pasó sin que nada ocurriera en el mar azul, limpio y perfectamente tranquilo. Pasaron dos horas más. Y otra y otra, durante las cuales no me moví un segundo de la borda. Estuve tenso, escrutando el horizonte sin pestañear. El sol empezó a descender a las cinco de la tarde. Aún no perdía las esperanzas, pero comencé a sentirme intranquilo. Estaba seguro de que me habían visto desde el avión negro, pero no me explicaba cómo había transcurrido tanto tiempo sin que vinieran a rescatarme. Sentía la garganta seca. Cada vez me resultaba más difícil respirar. Estaba distraído, mirando el horizonte, cuando, sin saber por qué, di un salto y caí en el centro de la balsa. Lentamente, como cazando una presa, la aleta de un tiburón se deslizaba a lo largo de la borda.

Los tiburones llegan a las cinco

Fue el primer animal que vi, casi treinta horas después de estar en la balsa. La aleta de un tiburón infunde terror porque uno conoce la voracidad de la fiera. Pero realmente nada parece más inofensivo que la aleta de un tiburón. No parece algo que formara parte de un animal, y menos de una fiera. Es verde y áspera, como la corteza de un árbol. Cuando la vi pasar orillando la borda, tuve la sensación de que tenía un sabor fresco y un poco amargo, como el de una corteza vegetal. Eran más de las cinco. El mar estaba sereno al atardecer. Otros tiburones se acercaron a la balsa, pacientemente, y estuvieron merodeando hasta cuando anocheció por completo. Ya no había luces, pero los sentía rondar en la oscuridad, rasgando la superficie tranquila con el filo de sus aletas.

Desde ese momento no volví a sentarme en la borda después de las cinco de la tarde. Mañana, pasado mañana y aun dentro de cuatro días, tendría suficiente experiencia para saber que los tiburones son unos animales puntuales: llegarían un poco después de las cinco y desaparecerían con la oscuridad.

Al atardecer, el agua transparente ofrece un hermoso espectáculo. Peces de todos los colores se acercaban a la balsa. Enormes peces amarillos y verdes; peces rayados de azul y rojo, redondos, diminutos, acompañaban la balsa hasta el anochecer. A veces había un relámpago metálico, un chorro de agua sanguinolenta saltaba por la borda y los pedazos de un pez destrozado por el tiburón flotaban un segundo junto a la balsa. Entonces una incalculable cantidad de peces menores se precipitaban sobre los desperdicios. En aquel momento yo habría vendido el alma por el pedazo más pequeño de las sobras del tiburón.

Era mi segunda noche en el mar. Noche de hambre y de sed y de desesperación. Me sentí abandonado, después de que me aferré obstinadamente a la esperanza de los aviones. Sólo esa noche decidí que con lo único que contaba para salvarme era con mi voluntad y con los restos de mis fuerzas.

Una cosa me asombraba: me sentía un poco débil, pero no agotado. Llevaba casi cuarenta horas sin agua ni alimentos y más de dos noches y dos días sin dormir, pues había estado en vigilia toda la noche anterior al accidente. Sin embargo yo me sentía capaz de remar.

Volví a buscar la Osa Menor. Fijé la vista en ella y empecé a remar. Había brisa pero no corría en la misma dirección que yo debía imprimirle a la balsa para navegar directamente hacia la Osa Menor. Fijé los dos remos en la borda y comencé a remar a las diez de la noche. Remé al principio desesperadamente. Luego con más calma, fija la vista en la Osa Menor, que, según mis cálculos, brillaba exactamente sobre el Cerro de la Popa. Por el ruido del agua sabía que estaba avanzando. Cuando me fatigaba cruzaba los remos y recostaba la cabeza para descansar. Luego agarraba los remos con más fuerza y con más esperanza. A las doce de la noche seguía remando.

Un compañero en la balsa

Casi a las dos me sentí completamente agotado. Crucé los remos y traté de dormir. En ese momento había aumentado la sed. El hambre no me molestaba. Me molestaba la sed. Me sentí tan cansado que apoyé la cabeza en el remo y me dispuse a morir. Entonces fue cuando vi, sentado en la cubierta del destructor, al marinero Jaime Manjarrés, que me mostraba con el índice la dirección del puerto. Jaime Manjarrés, bogotano, es uno de mis amigos más antiguos en la Marina. Con frecuencia pensaba en los compañeros que trataron de abordar la balsa. Me preguntaba si habrían alcanzado la otra balsa, si el destructor los había recogido o si los habían localizado los aviones. Pero nunca había pensado en Jaime Manjarrés. Sin embargo, tan pronto como cerraba los ojos aparecía Jaime Manjarrés, sonriente, primero señalándome la dirección del puerto y luego sentado en el comedor, frente a mí, con un plato de frutas y huevos revueltos en la mano.

Al principio fue un sueño. Cerraba los ojos, dormía durante breves minutos y aparecía siempre, puntual y en la misma posición, Jaime Manjarrés. Por fin decidí hablarle. No recuerdo qué le pregunté en esa primera ocasión. No recuerdo tampoco qué me respondió. Pero sé que estábamos conversando en la cubierta y de pronto vino el golpe de la ola, la ola fatal de las once y cincuenta y cinco minutos, y desperté sobresaltado, agarrándome con todas mis fuerzas al enjaretado para no caer al mar.

Pero antes del amanecer se oscureció el cielo. No pude dormir más porque me sentía agotado, incluso para dormir. En medio de las tinieblas dejé de ver el otro extremo de la balsa. Pero seguí mirando hacia la oscuridad, tratando de penetrarla. Entonces fue cuando vi perfectamente, en el extremo de la borda, a Jaime Manjarrés, sentado, con su uniforme de trabajo: pantalón y camisa azules, y la gorra ligeramente inclinada sobre la oreja derecha, en la que se leía claramente, a pesar de la oscuridad: A.R.C. *Caldas.*

—Hola —le dije sin sobresaltarme. Seguro de que Jaime Manjarrés estaba allí. Seguro de que allí había estado siempre.

Si esto hubiera sido un sueño no tendría ninguna importancia. Sé que estaba completamente despierto, completamente lúcido, y que oía el silbido del viento y el ruido del mar sobre mi cabeza. Sentía el hambre y la sed. Y no me cabía la menor duda de que Jaime Manjarrés viajaba conmigo en la balsa.

—¿Por qué no tomaste bastante agua en el buque? —me preguntó.

—Porque estábamos llegando a Cartagena —le respondí—. Estaba acostado en la popa con Ramón Herrera.

No era una aparición. Yo no sentía miedo. Me parecía una tontería que antes me hubiera sentido solo en la balsa, sin saber que otro marinero estaba conmigo.

—¿Por qué no comiste? —me preguntó Jaime Manjarrés.

Recuerdo perfectamente que le dije:

—Porque no quisieron darme comida. Pedí que me dieran manzanas y helados y no quisieron dármelos. No sé dónde los tenían escondidos.

Jaime Manjarrés no respondió nada. Estuvo silencioso un momento. Volvió a señalarme hacia donde quedaba Cartagena. Yo seguí la dirección de su mano y vi las luces del puerto, las boyas de la bahía bailando sobre el agua. «Ya llegamos», dije, y seguí mirando intensamente las luces del puerto, sin emoción, sin alegría, como si estuviera llegando después de un viaje normal. Le pedí a Jaime Manjarrés que remáramos un poco. Pero ya no estaba ahí. Se había ido. Yo estaba solo en la balsa y las luces del puerto eran los primeros rayos del sol. Los primeros rayos de mi tercer día de soledad en el mar.

6

Un barco de rescate y una isla de caníbales

Al principio llevaba la cuenta de los días por la recapitulación de los acontecimientos: el primer día, 28 de febrero, fue el del accidente. El segundo el de los aviones. El tercero fue el más desesperante de todos: no ocurrió nada de particular. La balsa avanzó impulsada por la brisa. Yo no tenía fuerzas para remar. El día se nubló, sentí frío y como no veía el sol perdí la orientación. Esa mañana no hubiera podido saber por dónde venían los aviones. Una balsa no tiene popa ni proa. Es cuadrada y a veces navega de lado, gira sobre sí misma imperceptiblemente, y como no hay puntos de referencia no se sabe si avanza o retrocede. El mar es igual por todos lados. A veces me acostaba en la parte posterior de la borda, en relación con el sentido en que avanzaba la balsa. Me cubría el rostro con la camisa. Cuando me incorporaba, la balsa había avanzado hacia donde yo me encontraba acostado. Entonces yo no sabía si la balsa había cambiado de dirección ni si había girado sobre sí misma. Algo semejante me ocurrió con el tiempo después del tercer día.

Al mediodía decidí hacer dos cosas: primero, clavé un remo en uno de los extremos de la balsa, para saber si avanzaba siempre en un mismo sentido. Segundo, hice con las llaves, en la borda, una raya para cada día que pasaba, y marqué la fecha. Tracé la primera raya y puse un número: 28.

Tracé la segunda raya y puse otro número: 29. Al tercer día, junto a la tercera raya, puse el número 30. Fue otra confusión. Yo creí que estábamos en el día 30 y en realidad era el 2 de marzo. Sólo lo advertí al cuarto día, cuando dudé si el mes que acababa de concluir tenía 30 o 31 días. Sólo entonces recordé que era febrero, y aunque ahora parezca una tontería, aquel error me confundió el sentido del tiempo. Al cuarto día ya no estaba muy seguro de mis cuentas en relación con los días que llevaba de estar en la balsa. ¿Eran tres? ¿Eran cuatro? ¿Eran cinco? De acuerdo con las rayas, fuera febrero o marzo, llevaba tres días. Pero no estaba muy seguro, por lo mismo que no estaba seguro de si la balsa avanzaba o retrocedía. Preferí dejar las cosas como estaban, para evitar nuevas confusiones, y perdí definitivamente las esperanzas de que me rescataran.

Aún no había comido ni bebido. Ya no quería pensar, me costaba trabajo organizar las ideas. La piel, abrasada por el sol, me ardía terriblemente, llena de ampollas. En la Base Naval el instructor nos había advertido que debía procurarse a toda costa no exponer los pulmones a los rayos del sol. Ésa era una de mis preocupaciones. Me había quitado la camisa, siempre mojada, y me la había amarrado a la cintura, pues me molestaba su contacto en la piel. Como llevaba cuatro días de sed y ya me era materialmente imposible respirar y sentía un dolor profundo en la garganta, en el pecho y debajo de las clavículas, al cuarto día tomé un poco de agua salada. Esa agua no calma la sed, pero refresca. Había demorado tanto tiempo en tomarla porque sabía que la segunda vez debía tomar menos cantidad, y sólo cuando hubieran transcurrido muchas horas.

Todos los días, con asombrosa puntualidad, los tiburones llegaban a las cinco. Había entonces un festín en torno a la balsa. Peces enormes saltaban fuera del agua y pocos momentos después resurgían destrozados. Los tiburones, enloquecidos, se precipitaban sordamente contra la superficie sanguinolenta. Todavía no habían tratado de romper la balsa, pero se sentían atraídos por ella porque era de color blanco. Todo el mundo sabe que los tiburones atacan de preferencia los objetos blancos. El tiburón es miope, de manera que sólo puede ver las cosas blancas o brillantes. Ésa era otra recomendación del instructor:

—Hay que esconder las cosas brillantes para no llamar la atención de los tiburones.

Yo no llevaba cosas brillantes. Hasta el cuadrante de mi reloj es oscuro. Pero me habría sentido tranquilo si hubiera tenido cosas blancas para arrojar al agua, lejos de la balsa, en caso de que los tiburones hubieran tratado de saltar por la borda. Por si acaso, desde el cuarto día estuve siempre con el remo listo para defenderme, después de las cinco de la tarde.

¡Barco a la vista!

Durante la noche cruzaba un remo en la balsa y trataba de dormir. No sé si eso ocurriría solamente cuando estaba dormido o también cuando estaba despierto, pero todas las noches veía a Jaime Manjarrés. Conversábamos breves minutos, sobre cualquier cosa, y luego desaparecía. Ya me había acostumbrado a sus visitas. Cuando salía el sol me imaginaba que eran alucinaciones. Pero de noche no me cabía la menor duda de que Jaime Manjarrés estaba allí, en la borda, conversando conmigo. Él también trataba de dormir, en la madrugada del quinto día. Cabeceaba en silencio, recostado en el otro remo. De pronto se puso a escrutar el mar. Me dijo:

—¡Mira!

Yo levanté la vista. Como a treinta kilómetros de la balsa, avanzando en el mismo sentido de la brisa, vi las intermitentes pero inconfundibles luces de un barco.

Hacía horas que no me sentía con fuerzas para remar. Pero al ver las luces me incorporé en la balsa, sujeté fuertemente los remos y traté de dirigirme hacia el barco. Lo veía avanzar lentamente, y por un instante no sólo vi las luces del mástil, sino la sombra del mismo avanzando contra los primeros resplandores del amanecer.

La brisa me ofrecía una fuerte resistencia. A pesar de que remé con desesperación, con una fuerza que no me pertenecía después de más de cuatro días sin comer ni dormir, creo que no logré desviar la balsa ni un metro de la dirección que le imprimía la brisa.

Las luces eran cada vez más lejanas, empecé a sudar. Empecé a sentirme agotado. A los veinte minutos, las luces habían desaparecido por completo. Las estrellas empezaron a apagarse y el cielo se tiñó de un gris intenso. Desolado en medio del mar, solté los remos, me puse de pie, azotado por el helado viento de la madrugada, y durante breves minutos estuve gritando como un loco.

Cuando vi el sol de nuevo, estaba otra vez recostado en el remo. Me sentía completamente extenuado. Ahora no esperaba la salvación por ningún lado y sentía deseos de morir. Sin embargo, algo extraño me ocurría cuando sentía deseos de morir: inmediatamente empezaba a pensar en un peligro. Ese pensamiento me infundía renovadas fuerzas para resistir.

En la mañana de mi quinto día, estuve dispuesto a desviar la dirección de la balsa, por cualquier medio. Se me ocurrió que si continuaba en dirección a la brisa, llegaría a una isla habitada por caníbales. En Mobile, en una revista cuyo nombre he olvidado, leí el relato de un náufrago que fue devorado por los antropófagos. Pero no era en ese relato en lo que pensaba. Pensaba en *El marinero renegado*, un libro que leí en Bogotá, hace dos años. Ésa es la historia de un marinero que durante la guerra, después de que su barco chocó contra una mina, logró nadar hasta una isla cercana. Allí permanece veinticuatro horas, alimentándose de frutas silvestres, hasta cuando lo descubren los caníbales, lo echan en una olla de agua hirviendo y lo cuecen vivo. Comencé a pensar instantáneamente en esa isla. Ya no podía imaginarme la costa sino como un territorio poblado de caníbales. Por primera vez durante mis cinco días de soledad en el mar, mi terror cambió de dirección: ahora no tenía tanto miedo al mar como a la tierra.

Al mediodía estuve recostado en la borda, aletargado por el sol, el hambre y la sed. No pensaba en nada. No tenía sentido del tiempo ni de la dirección. Traté de ponerme en pie, para probar las fuerzas, y tuve la sensación de que no podía con mi cuerpo.

«Éste es el momento», pensé. Y, en realidad, me pareció que ése era el momento más temible de todos los que nos había explicado el instructor: el momento de amarrarse a la balsa. Hay un instante en que ya no se siente la sed ni el hambre. Un momento en que no se sienten ni los implacables mordiscos del sol en la piel ampollada. No se piensa. No se tiene ninguna noción de los sentimientos. Pero aún no se pierden las esperanzas. Todavía queda el recurso final de soltar los cabos del enjaretado y amarrarse a la balsa. Durante la guerra muchos cadáveres fueron encontrados así, descompuestos y picoteados por las aves, pero fuertemente amarrados a la balsa.

Pensé que todavía tenía fuerzas para esperar hasta la noche sin necesidad de amarrarme. Me rodé hasta el fondo de la balsa, estiré las piernas y permanecí sumergido hasta el cuello varias horas. Al contacto del sol, la herida de la rodilla empezó a dolerme. Fue como si hubiera despertado. Y como si ese dolor me hubiera dado una nueva noción de la vida. Poco a poco, al contacto del agua fresca, fui recobrando las fuerzas. Entonces sentí una fuerte torcedura en el estómago y el vientre se me movió, agitado por un rumor largo y profundo. Traté de soportarlo, pero me fue imposible.

Con mucha dificultad me incorporé, me desabroché el cinturón, me desajusté los pantalones y sentí un grande alivio con la descarga del vientre. Era la primera vez en cinco días. Y por primera vez en cinco días los peces, desesperados, golpearon contra la borda, tratando de romper los sólidos cabos de la malla.

Siete gaviotas

La visión de los peces, brillantes y cercanos, me revolvía el hambre. Por primera vez sentí una verdadera desesperación. Por lo menos ahora tenía una carnada. Olvidé la extenuación, agarré un remo y me preparé a agotar los últimos vestigios de mis fuerzas con un golpe certero en la cabeza de uno de los peces que saltaban contra la borda, en una furiosa rebatiña. No sé cuántas veces descargué el remo. Sentía que en cada golpe acertaba, pero esperaba inútilmente localizar la presa. Allí había un terrible festín de peces que se devoraban entre sí, y un tiburón panza arriba, sacando un suculento partido en el agua revuelta.

La presencia del tiburón me hizo desistir de mi propósito. Decepcionado, solté el remo y me acosté en la borda. A los pocos minutos sentí una terrible alegría: siete gaviotas volaban sobre la balsa.

Para un hambriento marino solitario en el mar, la presencia de las gaviotas es un mensaje de esperanza. De ordinario, una bandada de gaviotas acompaña a los barcos, pero sólo hasta el segundo día de navegación. Siete gaviotas sobre la balsa significaban la proximidad de la tierra.

Si hubiera tenido fuerzas me habría puesto a remar. Pero estaba extenuado. Apenas si podía sostenerme unos pocos minutos en pie. Convencido que estaba a menos de dos días de navegación, de que me estaba aproximando a la tierra, tomé otro poco de agua en el cuenco de la mano y volví a acostarme en la borda, de cara al cielo, para que el sol no me diera en los pulmones. No me cubrí el rostro con la camisa porque quería seguir viendo las gaviotas que volaban lentamente, en ángulo agudo, internándose en el mar. Era la una de la tarde de mi quinto día en el mar.

No sé en qué momento llegó. Yo estaba acostado en la borda, como a las cinco de la tarde, y me disponía a descender al interior antes de que llegaran los tiburones. Pero entonces vi una pequeña gaviota, como del tamaño de mi mano, que volaba en torno a la balsa y se paraba por breves minutos en el otro extremo de la borda.

La boca se me llenó de una saliva helada. No tenía cómo capturar aquella gaviota. Ningún instrumento, salvo mis manos y mi astucia, agudizada por el hambre. Las otras gaviotas habían desaparecido. Sólo quedaba esa pequeña, color café, de plumas brillantes, que daba saltos en la borda.

Permanecí absolutamente inmóvil. Me parecía sentir por mi hombro el filo de la aleta del tiburón puntual que desde las cinco debía de estar allí. Pero decidí correr el riesgo. Ni siquiera me atrevía a mirar la gaviota, para que no advirtiera el movimiento de mi cabeza. La vi pasar, muy baja, por encima de mi cuerpo. La vi alejarse, desaparecer en el cielo. Pero yo no perdí la esperanza. No se me ocurría cómo iba a despedazarla. Sabía que tenía hambre y que si permanecía completamente inmóvil la gaviota se pasearía al alcance de mi mano.

Esperé más de media hora, creo. La vi aparecer y desaparecer varias veces. Hubo un momento en que sentí, junto a mi cabeza, el aletazo del tiburón, despedazando un pez. Pero en lugar de miedo sentí más hambre. La gaviota saltaba por la borda. Era el atardecer de mi quinto día en el mar. Cinco días sin comer. A pesar de mi emoción, a pesar de que el corazón me golpeaba dentro del pecho, permanecí inmóvil, como un muerto, mientras sentía acercarse la gaviota.

Yo estaba estirado en la borda, con las manos en los muslos. Estoy seguro que durante media hora ni siquiera me atreví a parpadear. El cielo se ponía brillante y me maltrataba la vista, pero no me atrevía a cerrar los ojos en aquel momento de tensión. La gaviota estaba picoteándome los zapatos.

Había transcurrido una larga e intensa media hora, cuando sentí que la gaviota se me paró en la pierna. Suavemente me picoteó el pantalón. Yo seguía absolutamente inmóvil cuando me dio un picotazo seco y fuerte en la rodilla. Estuve a punto de saltar a causa de la herida. Pero logré soportar el dolor. Luego, se rodó hasta mi muslo derecho, a cinco o seis centímetros de mi mano. Entonces corté la respiración e imperceptiblemente, con una tensión desesperada, empecé a deslizar la mano.

7

Los desesperados recursos de un hambriento

Si uno se acuesta en una plaza con la esperanza de capturar una gaviota, puede estarse allí toda la vida sin lograrlo. Pero a cien millas de la costa es distinto. Las gaviotas tienen afinado el instinto de conservación en tierra firme. En el mar son animales confiados.

Yo estaba tan inmóvil que probablemente aquella gaviota pequeña y juguetona que se posó en mi muslo, creyó que estaba muerto. Yo la estaba viendo en mi muslo. Me picoteaba el pantalón, pero no me hacía daño. Seguí deslizando la mano. Bruscamente, en el instante preciso en que la gaviota se dio cuenta del peligro y trató de levantar el vuelo, la agarré por un ala, salté al interior de la balsa y me dispuse a devorarla.

Cuando esperaba que se posara en mi muslo, estaba seguro de que si llegaba a capturarla me la comería viva, sin quitarle las plumas. Estaba hambriento y la misma idea de la sangre del animal me exaltaba la sed. Pero cuando ya la tuve entre las manos, cuando sentí la palpitación de su cuerpo caliente, cuando vi sus redondos y brillantes ojos pardos, tuve un momento de vacilación.

Cierta vez estaba yo en cubierta con una carabina, tratando de cazar una de las gaviotas que seguían el barco. El jefe de armas del destructor, un marinero experimentado, me dijo: «No seas infame. La gaviota para el marinero es como ver tierra. No es digno de un marino matar una gaviota». Yo me acordaba de aquel momento, de las palabras del jefe de armas, cuando estaba en la balsa con la gaviota capturada, dispuesto a darle muerte y despresarla. A pesar de que llevaba cinco días sin comer, las palabras del jefe de armas resonaban en mis oídos, como si las estuviera oyendo. Pero en aquel momento el hambre era más fuerte que todo. Le agarré fuertemente la cabeza al animal y empecé a torcerle el pescuezo, como a una gallina.

Era demasiado frágil. A la primera vuelta sentí que se le destrozaron los huesos del cuello. A la segunda vuelta sentí su sangre, viva y caliente, chorreándome por entre los dedos. Tuve lástima. Aquello parecía un asesinato. La cabeza, aún palpitante, se desprendió del cuerpo y quedó latiendo en mi mano.

El chorro de sangre en la balsa solivió a los peces. La blanca y brillante panza de un tiburón pasó rozando la borda. En ese instante, un tiburón, enloquecido por el olor de la sangre, puede cortar de un mordisco una lámina de acero. Como sus mandíbulas están colocadas debajo del cuerpo, tiene que voltearse para comer. Pero como es miope y voraz, cuando se voltea panza arriba arrastra todo lo que encuentre a su paso. Tengo la impresión de que en ese momento el tiburón trató de embestir la balsa. Aterrorizado, le eché la cabeza de la gaviota y vi, a pocos centímetros de la borda, la tremenda rebatiña de aquellos animales enormes que se disputaban una cabeza de gaviota, más pequeña que un huevo.

Lo primero que traté de hacer fue desplumarla. Era excesivamente liviana y los huesos tan frágiles que podían despedazarse con los dedos. Trataba de arrancarle las plumas, pero estaban adheridas a la piel, delicada y blanca, de tal modo que la carne se desprendía con las plumas ensangrentadas. La sustancia negra y viscosa en los dedos me produjo una sensación de repugnancia.

Es fácil decir que después de cinco días de hambre uno es capaz de comer cualquier cosa. Pero por muy hambriento que uno esté siente asco de un revoltijo de plumas y de sangre caliente, con un intenso olor a pescado crudo y a sarna.

Al principio, traté de desplumarla cuidadosamente, con cierto método. Pero no contaba con la fragilidad de su piel. Quitándole las plumas empezó a deshacérseme entre las manos. La lavé dentro de la balsa. La despresé de un solo tirón y la presencia de sus rosados intestinos, de sus vísceras azules, me revolvió el estómago. Me llevé a la boca una hilaza de muslo, pero no pude tragarlo. Era simple. Me pareció que estaba masticando una rana. Sin poder disimular la repugnancia, arrojé el pedazo que tenía en la boca y permanecí largo rato inmóvil, con aquel repugnante amasijo de plumas y huesos sangrientos en la mano.

Lo primero que se me ocurrió fue que aquello que no podía comerme me serviría de carnada. Pero no tenía ningún elemento de pesca. Si al menos hubiera tenido un alfiler. Un pedazo de alambre. Pero no tenía nada distinto de las llaves, el reloj, el anillo y las tres tarjetas del almacén de Mobile.

Pensé en el cinturón. Pensé que podía improvisar un anzuelo con la hebilla. Pero mis esfuerzos fueron inútiles. Era imposible improvisar un anzuelo con el cinturón. Estaba anocheciendo y los peces, enloquecidos por el olor de la sangre, daban saltos en torno a la balsa. Cuando oscureció por completo arrojé al agua los restos de la gaviota y me acosté a morir. Mientras preparaba el remo para acostarme oía la sorda guerra de los animales disputándose los huesos que no me había podido comer.

Creo que esa noche hubiera muerto de agotamiento y desesperación. Un viento fuerte se levantó desde las primeras horas. La balsa daba tumbos, mientras yo, sin pensar siquiera en la precaución de amarrarme a los cabos, yacía exhausto dentro del agua, apenas con los pies y la cabeza fuera de ella.

Pero después de la medianoche hubo un cambio: salió la luna. Desde el día del accidente fue la primera noche. Bajo la claridad azul, la superficie del mar recobra un aspecto espectral. Esa noche no vino Jaime Manjarrés. Estuve solo, desesperado, abandonado a mi suerte en el fondo de la balsa.

Sin embargo, cada vez que se me derrumbaba el ánimo, ocurría algo que me hacía renacer mi esperanza. Esa noche fue el reflejo de la luna en las olas. El mar estaba picado y en cada ola me parecía ver la luz de un barco. Hacía dos noches que había perdido las esperanzas de que me rescatara un barco. Sin embargo, a todo lo largo de aquella noche transparentada por la luz de la luna —mi sexta noche en el mar— estuve escrutando el horizonte desesperadamente, casi con tanta intensidad y tanta fe como en la primera. Si ahora me encontrara en las mismas circunstancias moriría de desesperación: ahora sé que la ruta por donde navega la balsa no es ruta de ningún barco.

Yo era un muerto

No recuerdo el amanecer del sexto día. Tengo una idea nebulosa de que durante toda la mañana estuve postrado en el fondo de la balsa, entre la vida y la muerte. En esos momentos pensaba en mi familia y la veía tal como me han contado ahora que estuvo durante los días de mi desaparición. No me tomó por sorpresa la noticia de que me habían hecho honras fúnebres. En aquélla mi sexta mañana de soledad en el mar, pensé que todo eso estaba ocurriendo. Sabía que a mi familia le habían comunicado la noticia de mi desaparición. Como los aviones no habían vuelto sabía que habían desistido de la búsqueda y que me habían declarado muerto.

Nada de eso era falso, hasta cierto punto. En todo momento traté de defenderme. Siempre encontré un recurso para sobrevivir, un punto de apoyo, por insignificante que fuera, para seguir esperando. Pero al sexto día ya no esperaba nada. Yo era un muerto en la balsa.

En la tarde, pensando en que pronto serían las cinco y volverían los tiburones, hice un desesperado esfuerzo por incorporarme para amarrarme a la borda. En Cartagena, hace dos años, vi en la playa los restos de un hombre, destrozado por el tiburón. No quería morir así. No quería ser repartido en pedazos entre un montón de animales insaciables.

Iban a ser las cinco. Puntuales, los tiburones estaban allí, rondando la balsa. Me incorporé trabajosamente para desatar los cabos del enjaretado. La tarde era fresca. El mar, tranquilo. Me sentí ligeramente tonificado. Súbitamente, vi otra vez las siete gaviotas del día anterior y esa visión me infundió renovados deseos de vivir.

En ese instante me hubiera comido cualquier cosa. Me molestaba el hambre. Pero era peor la garganta estragada y el dolor en las mandíbulas, endurecidas por la falta de ejercicio. Necesitaba masticar algo. Traté de arrancar tiras del caucho de mis zapatos, pero no tenía con qué cortarlas. Entonces fue cuando me acordé de las tarjetas del almacén de Mobile.

Estaban en uno de los bolsillos de mi pantalón, casi completamente deshechas por la humedad. Las despedacé, me las llevé a la boca y empecé a masticar. Aquello fue como un milagro: la garganta se alivió un poco y la boca se me llenó de saliva. Lentamente seguí masticando, como si fuera chicle. Al primer mordisco me dolieron las mandíbulas. Pero después, a medida que masticaba la tarjeta que guardé sin saber por qué desde el día en que salí de compras con Mary Address, me sentí más fuerte y optimista. Pensaba seguirlas masticando indefinidamente para aliviar el dolor de las mandíbulas. Pero me pareció un despilfarro arrojarlas al mar. Sentí bajar hasta el estómago la minúscula papilla de cartón molido y desde ese instante tuve la sensación de que me salvaría, de que no sería destrozado por los tiburones.

¿A qué saben los zapatos?

El alivio que experimenté con las tarjetas me agudizó la imaginación para seguir buscando cosas de comer. Si hubiera tenido una navaja habría despedazado los zapatos y hubiera masticado tiras de caucho. Era lo más provocativo que tenía al alcance de la mano. Traté de separar con las llaves la suela blanca y limpia. Pero los esfuerzos fueron inútiles. Era imposible arrancar una tira de ese caucho sólidamente fundido a la tela.

Desesperadamente, mordí el cinturón hasta cuando me dolieron los dientes. No pude arrancar ni un bocado. En ese momento debí parecer una fiera, tratando de arrancar con los dientes pedazos de zapatos, del cinturón y la camisa. Ya al anochecer, me quité la ropa, completamente empapada. Quedé en pantaloncillos. No sé si atribuírselo a las tarjetas, pero casi inmediatamente después estaba durmiendo. En mi séptima noche, acaso porque ya estaba acostumbrado a la incomodidad de la balsa, acaso porque estaba agotado después de siete noches de vigilia, dormí profundamente durante largas horas. A veces me despertaba la ola; daba un salto, alarmado, sintiendo que la fuerza del golpe me arrastraba al agua. Pero inmediatamente después recobraba el sueño.

Por fin amaneció mi séptimo día en el mar. No sé por qué estaba seguro de que no sería el último. El mar estaba tranquilo y nublado, y cuando el sol salió, como a las ocho de la mañana, me sentía reconfortado por el buen sueño de la noche reciente. Contra el cielo plomizo y bajo pasaron sobre la balsa las siete gaviotas.

Dos días antes había sentido una gran alegría con la presencia de las siete gaviotas. Pero cuando las vi por tercera vez, después de haberlas visto durante dos días consecutivos, sentí renacer el terror. «Son siete gaviotas perdidas», pensé. Lo pensé con desesperación. Todo marino sabe que a veces una bandada de gaviotas se pierde en el mar y vuela sin dirección durante varios días, hasta cuando siguen un barco que les indica la dirección del puerto. Tal vez aquellas gaviotas que había visto durante tres días eran las mismas todos los días, perdidas en el mar. Eso significaba que cada vez mi balsa se encontraba a mayor distancia de la tierra.

8

Mi lucha con los tiburones por un pescado

La idea de que en lugar de acercarme a la costa me había estado internando en el mar durante siete días me derrumbó la resolución de seguir luchando. Pero cuando uno se siente al borde de la muerte se afianza el instinto de conservación. Por varias razones, aquel día —mi séptimo día— era muy distinto de los anteriores: el mar estaba calmado y oscuro; el sol no me abrasaba la piel, era tibio y sedante y una brisa tenue empujaba la balsa con suavidad y me aliviaba un poco de las quemaduras.

También los peces eran diferentes. Desde muy temprano escoltaban la balsa. Nadaban superficialmente. Yo los veía con claridad: peces azules, pardos y rojos. Los había de todos los colores, de todas las formas y tamaños. Navegando junto a ellos, la balsa parecía deslizarse sobre un acuario.

No sé si después de siete días sin comer, a la deriva en el mar, uno llega a acostumbrarse a esa vida. Me parece que sí. La desesperación del día anterior fue sustituida por una resignación pastosa y sin sentido. Yo estaba seguro de que todo era distinto, de que el mar y el cielo habían dejado de ser hostiles, y que los peces que me acompañaban en el viaje eran peces amigos. Mis viejos conocidos de siete días.

Esa mañana no pensé en arribar a ninguna parte. Estaba seguro de que la balsa había llegado a una región sin barcos, en la que se extraviaban hasta las gaviotas.

Pensaba, sin embargo, que después de haber estado siete días a la deriva, llegaría a acostumbrarme al mar, a mi angustioso método de vida, sin necesidad de agudizar el ingenio para subsistir. Después de todo había subsistido una semana contra viento y marea. ¿Por qué no podía seguir viviendo indefinidamente en una balsa? Los peces nadaban en la superficie, el mar estaba limpio y sereno. Había tantos animales hermosos y provocativos en torno a la embarcación que me parecía que podría agarrarlos a puñados. No había ningún tiburón a la vista. Confiadamente, metí la mano en el agua y traté de agarrar un pez redondo, de un azul brillante, de no más de veinte centímetros. Fue como si hubiera tirado una piedra. Todos los peces se hundieron precipitadamente. Desaparecieron en el agua, momentáneamente revuelta. Luego, poco a poco, volvieron a la superficie.

Pensé que necesitaba un poco de astucia para pescar con la mano. Debajo del agua la mano no tenía la misma fuerza ni la misma habilidad. Seleccionaba un pez en el montón. Trataba de agarrarlo. Y lo agarraba, en efecto. Pero lo sentía escapar de entre mis dedos, con una rapidez y una agilidad que me desconcertaban. Estuve así, paciente, sin apresurarme, tratando de capturar un pez. No pensaba en el tiburón, que acaso estaba allí, en el fondo, aguardando que yo hundiera el brazo hasta el codo para llevárselo de un mordisco certero. Hasta un poco después de las diez estuve ocupado en la tarea de capturar el pez. Pero fue inútil. Me mordisqueaban los dedos, primero suavemente, como cuando triscan en una carnada. Después con más fuerza. Un pez de medio metro, liso y plateado, de afilados dientes menudos, me desgarró la piel del pulgar. Entonces me di cuenta de que los mordiscos de los otros peces no habían sido inofensivos. En todos los dedos tenía pequeñas desgarraduras sangrantes.

¡Un tiburón en la balsa!

No sé si fue mi sangre, pero un momento después había una revolución de tiburones alrededor de la balsa. Nunca había visto tantos. Nunca los había visto dar muestras de semejante voracidad. Saltaban como delfines, persiguiendo, devorando peces junto a la borda. Atemorizado, me senté en el interior de la balsa y me puse a contemplar la masacre.

La cosa ocurrió tan violentamente que no me di cuenta en qué momento el tiburón saltó fuera del agua, dio un fuerte coletazo, y la balsa, tambaleando, se hundió en la espuma brillante. En medio del resplandor del maretazo que estalló contra la borda alcancé a ver un relámpago metálico. Instintivamente, agarré un remo y me puse a descargar el golpe de muerte: estaba seguro de que el tiburón se había metido en la balsa. Pero en un instante vi la aleta enorme que sobresalía por la borda y me di cuenta de lo que había pasado. Perseguido por el tiburón, un pez brillante y verde, como de medio metro de longitud, había saltado dentro de la balsa. Con todas mis fuerzas descargué el primer golpe de remo en su cabeza.

No es fácil darle muerte a un pez dentro de una balsa. A cada golpe la embarcación tambaleaba; amenazaba con dar la vuelta de campana. El momento era tremendamente peligroso. Necesitaba de todas mis fuerzas y de toda mi lucidez. Si descargaba los golpes alocadamente la balsa podía voltearse. Yo habría caído en un agua revuelta de tiburones hambrientos. Pero si no golpeaba con precisión se me escapaba la presa. Estaba entre la vida y la muerte. O caía entre las fauces de los tiburones, o tenía cuatro libras de pescado fresco para saciar mi hambre de siete días.

Me apoyé firmemente en la borda y descargué el segundo golpe. Sentí la madera del remo incrustarse en los huesos de la cabeza del pez. La balsa tambaleó. Los tiburones se sacudieron bajo el piso. Pero yo estaba firmemente recostado a la borda. Cuando la embarcación recobró la estabilidad el pez seguía vivo, en el centro de la balsa. En la agonía, un pez puede saltar más alto y más lejos que nunca. Yo sabía que el tercer golpe tenía que ser certero o perdería la presa para siempre.

De un salto quedé sentado en el piso, así tendría mayores probabilidades de agarrarlo. Lo habría capturado con los pies, entre las rodillas o con los dientes, si hubiera sido necesario. Me aseguré firmemente al piso. Tratando de no errar, convencido de que mi vida dependía de aquel golpe, dejé caer el remo con todas mis fuerzas. El animal quedó inmóvil con el impacto y un hilo de sangre oscura tiñó el agua de la balsa.

Yo mismo sentí el olor de la sangre. Pero lo sintieron también los tiburones. Por primera vez en este instante, con cuatro libras de pescado a mi disposición, sentí un incontenible terror: enloquecidos por el olor de la sangre los tiburones se lanzaban con todas sus fuerzas contra el piso. La balsa tambaleaba. Yo sabía que de un momento a otro podía dar la vuelta de campana. Sería cosa de un segundo. En menos de lo que dura un relámpago yo habría sido despedazado por las tres hileras de dientes de acero que tiene un tiburón en cada mandíbula.

Sin embargo, el apremio del hambre era entonces superior a todo. Apreté el pescado entre las piernas y me apliqué, tambaleando, a la difícil tarea de equilibrar la balsa cada vez que sufría una nueva arremetida de las fieras. Aquello duró varios minutos. Cada vez que la embarcación se estabilizaba, yo echaba por la borda el agua sanguinolenta. Poco a poco la superficie quedó limpia y las fieras se aplacaron. Pero debía cuidarme: una pavorosa aleta de tiburón —la más grande aleta de tiburón o de animal alguno que haya visto en mi vida— sobresalía más de un metro por encima de la borda. Nadaba apaciblemente, pero yo sabía que si percibía de nuevo el olor de la sangre habría dado una sacudida que hubiera volteado la balsa. Con grandes precauciones me dispuse a despresar mi pescado.

Un animal de medio metro está protegido por una dura costra de escamas. Cuando uno trata de arrancarlas siente que están adheridas a la carne, como láminas de acero. Yo no disponía de ningún instrumento cortante. Traté de quitarle las escamas con las llaves, pero ni siquiera conseguí desajustarlas. Mientras tanto, me di cuenta de que nunca había visto un pez como aquél: era de un verde intenso, sólidamente escamado. Desde niño he relacionado el color verde con los venenos. Es increíble, pero a pesar de que el estómago me palpitaba dolorosamente con la simple perspectiva de un bocado de pescado fresco, tuve un momento de vacilación ante la idea de que aquel extraño animal fuera un animal venenoso.

Mi pobre cuerpo

Sin embargo, el hambre es soportable cuando no se tienen esperanzas de encontrar alimentos. Nunca había sido tan implacable como en aquel momento en que yo, sentado en el fondo de la balsa, trataba de romper la carne verde y brillante con las llaves.

Al cabo de pocos minutos comprendí que necesitaba proceder con más violencia si en realidad quería comerme mi presa. Me puse en pie, le pisé fuertemente la cola y le metí el cabo de uno de los remos en las agallas. Tenía una caparazón gruesa y resistente. Barrenando con el cabo del remo logré por fin destrozarle las agallas. Me di cuenta de que todavía no estaba muerto. Le descargué otro golpe en la cabeza. Luego traté de arrancarle las duras láminas protectoras de las agallas y en ese momento no supe si la sangre que corría por mis dedos era mía o del pescado. Yo tenía las manos heridas y en carne viva los extremos de los dedos.

La sangre volvió a revolver el hambre de los tiburones. Cuesta trabajo creer que en aquel momento, sintiendo en torno de mí la furia de las bestias hambrientas, sintiendo repugnancia por la carne ensangrentada, estuve a punto de echar el pescado a los tiburones, como lo hice con la gaviota. Me sentía desesperado, impotente ante aquel cuerpo sólido, impenetrable.

Lo exploré minuciosamente, buscando sus partes blandas. Al fin encontré un resquicio debajo de las agallas; con el dedo empecé a sacarle las tripas. Las vísceras de un pez son blandas e inconsistentes. Se dice que si a un tiburón se le da un fuerte tirón en la cola, el estómago y los intestinos salen despedidos por la boca. En Cartagena he visto tiburones colgados de la cola, con una enorme, oscura y viscosa masa de vísceras pendiente de la mandíbula.

Por fortuna, las vísceras de mi pescado eran tan blandas como las de los tiburones. En un momento las saqué con el dedo. Era una hembra: entre las vísceras había un sartal de huevos. Cuando estuvo completamente destripado le di el primer mordisco. No pude penetrar la corteza de escamas. Pero a la segunda tentativa, con renovadas fuerzas, mordía desesperadamente, hasta cuando me dolieron las mandíbulas. Entonces logré arrancar el primer bocado y empecé a masticar la carne fría y dura.

Masticaba con asco. Siempre me ha repugnado el olor a pescado crudo. Pero el sabor es todavía más repugnante: tiene un remoto sabor a chontaduro crudo, pero más desabrido y viscoso. Nadie se ha comido nunca un pescado vivo. Pero cuando masticaba el primer alimento que llegaba a mi boca en siete días, tuve por primera vez en mi vida la repugnante certidumbre de que me estaba comiendo un pescado vivo.

El primer pedazo me produjo alivio inmediato. Di un nuevo mordisco y volví a masticar. Un momento antes había pensado que era capaz de comerme un tiburón entero. Pero al segundo bocado me sentí lleno. Mi terrible hambre de siete días se aplacó en un instante. Volví a sentirme fuerte, como el primer día.

Ahora sé que el pescado crudo calma la sed. Antes no lo sabía, pero observé que el pescado no sólo me había aplacado el hambre sino también la sed. Estaba satisfecho y optimista. Aún me quedaba alimento para mucho tiempo, puesto que apenas había dado dos mordiscos en un animal de medio metro.

Decidí envolverlo en la camisa y dejarlo en el fondo de la balsa, para que se mantuviera fresco. Pero antes había que lavarlo. Distraídamente, lo agarré por la cola y lo sumergí una vez por fuera de la borda. Pero la sangre estaba coagulada entre las escamas. Había que estregarlo. Ingenuamente volví a sumergirlo. Y entonces fue cuando sentí la embestida y el violento tabletazo de las mandíbulas del tiburón. Apreté la cola del pescado con todas mis fuerzas. El tirón de la fiera me hizo perder el equilibrio. Me di un golpe contra la borda, pero seguí agarrando a mi alimento. Lo defendí como una fiera. No pensé, en esa fracción de segundo, que un nuevo mordisco del tiburón podía arrancarme el brazo desde el hombro. Volví a tirar con todas mis fuerzas, pero ya no había nada en mis manos. El tiburón se había llevado mi presa. Enfurecido, loco de desesperación y de rabia agarré entonces un remo y descargué un golpe tremendo en la cabeza del tiburón, cuando volvió a pasar junto a la borda. La fiera dio un salto. Se volvió furiosamente y de un solo mordisco, seco y violento, despedazó y se tragó la mitad del remo.

9

Comienza a cambiar el color del agua

CON el remo roto, desesperado por la furia, seguí golpeando el agua. Tenía necesidad de vengarme de los tiburones que me habían arrebatado de las manos el único alimento de que disponía. Iban a ser las cinco de la tarde de mi séptimo día en el mar. Dentro de un momento vendrían los tiburones en masa. Yo me sentía fuerte con los dos pedazos que logré comer, y la ira ocasionada por la pérdida del resto de pescado me daba un extraño ánimo para luchar. Había dos remos más en la balsa. Pensé cambiar por otro el remo partido por el mordisco del tiburón para seguir batallando con las fieras. Pero el instinto de conservación fue más fuerte que el furor: pensé que podría perder los otros remos y no sabía en qué momento podía necesitarlos.

El anochecer fue igual al de todos los días. Pero la noche fue más oscura. El mar estaba borrascoso. Amenazaba lluvia. Pensando en que de un momento a otro podría disponer de agua potable me quité los zapatos y la camisa, para tener dónde recogerla. Era lo que en tierra firme se llama «una noche de perros». En el mar debe llamarse «una noche de tiburones».

Antes de las nueve empezó a soplar el viento helado. Traté de resistir en el fondo de la balsa, pero no fue posible. El frío me penetraba hasta el fondo de los huesos. Tuve que ponerme la camisa y los zapatos, y resignarme a la idea de que la lluvia me tomaría por sorpresa y no tendría en qué recoger el agua. El oleaje era más fuerte que en la tarde del 28 de febrero, día del accidente. La balsa parecía una cáscara en el mar picado y sucio. No podía dormir. Me había hundido en el agua hasta el cuello, porque el aire estaba cada vez más helado. Temblaba. Hubo un momento en que pensé que no podría resistir el frío y empecé a hacer ejercicios gimnásticos, para tratar de entrar en calor. Pero era imposible. Me sentía muy débil. Debía agarrarme fuertemente a la borda para evitar que el fuerte oleaje me arrojara al agua. Tenía la cabeza apoyada en el remo destrozado por el tiburón. Los otros estaban en el fondo de la balsa.

Antes de la medianoche arreció el vendaval, el cielo se puso denso y de un color gris profundo, y el aire húmedo, pero no había caído ni una sola gota. Pocos minutos después de las doce de la noche una ola enorme —tan grande como la que barrió la cubierta del destructor— levantó la balsa como una cáscara de plátano, la enderezó primero hacia arriba, y en una fracción de segundo la hizo dar una vuelta de campana.

Me di cuenta de todo cuando estaba en el agua, nadando hacia arriba, como en la tarde del accidente. Nadé desesperadamente, salí a la superficie y me sentí morir de terror: no vi la balsa. Vi las enormes olas negras sobre mi cabeza y me acordé de Luis Rengifo, un hombre fuerte, un buen nadador bien alimentado que no pudo alcanzar la balsa a dos metros de distancia. Me había desorientado y estaba buscando la balsa por el lado contrario. Detrás de mí, como a un metro de distancia, la balsa apareció en la superficie, liviana, batida por las olas. La alcancé en dos brazadas. Dos brazadas se dan en dos segundos, pero aquéllos fueron dos segundos eternos. Tan asustado estaba que de un salto me encontré jadeando, completamente mojado, en el fondo de la embarcación. El corazón me daba tumbos dentro del pecho y no podía respirar.

Mi buena estrella

No tenía nada que decir contra mi suerte. Si aquella vuelta de campana hubiera sido a las cinco de la tarde, me hubieran descuartizado los tiburones. Pero a las doce de la noche los animales están en paz. Y mucho más cuando está el mar picado.

Cuando me sentí de nuevo en la balsa tenía fuertemente agarrado el remo que destrozó el tiburón. La cosa ocurrió con tanta rapidez que todos mis movimientos fueron instintivos. Más tarde recordé que al caer al agua el remo me golpeó la cabeza y lo capturé cuando empezaba a hundirme. Fue el único remo que quedó en la balsa. Los otros dos habían quedado en el mar.

Para no perder ni siquiera ese pedazo de palo destrozado por los tiburones lo amarré fuertemente con uno de los cabos sueltos del enjaretado. El mar seguía embravecido. Por esta vez había tenido suerte. Tal vez si la balsa volvía a voltearse no lograría alcanzarla. Pensando en eso solté el cinturón y me até fuertemente a los cabos del enjaretado.

Las olas siguieron aventando contra la borda. La balsa bailaba en el mar bravo y turbio, pero yo estaba seguro, amarrado con mi cinturón al enjaretado. El remo también estaba seguro. Haciendo esfuerzos por no dejar que de nuevo se volteara la embarcación, pensaba que estuve a punto de perder la camisa y los zapatos. De no haber sido por el frío habrían estado en el fondo de la balsa cuando ésta dio la vuelta de campana, y junto con los dos remos habrían caído al mar.

Es perfectamente normal que una balsa dé la vuelta de campana en un mar picado. Es una embarcación fabricada de corcho y forrada en una tela impermeabilizada con pintura blanca. Pero el piso no es fijo, sino que cuelga del marco de corcho, como una canasta. La balsa puede dar vueltas en el agua, pero el piso recobra inmediatamente la posición normal. El único peligro es el de perder la balsa. Yo pensaba por eso que mientras estuviera amarrado al enjaretado la balsa podía dar mil vueltas sin peligro de que yo la perdiera.

Eso era cierto. Pero había algo que yo había perdido de vista: un cuarto de hora después de la primera, la balsa dio una segunda y espectacular vuelta de campana. Primero me sentí suspendido en el aire helado y húmedo, azotado por el vendaval. Vi ante mis ojos el abismo y comprendí de qué lado se iba a voltear la balsa. Traté de navegar hacia el otro lado para equilibrar la embarcación, pero me lo impidió la fuerte correa de cuero amarrada al enjaretado. En un instante comprendí lo que estaba pasando: la balsa se había volteado por completo. Yo estaba en el fondo, amarrado firmemente a la borda. Me estaba ahogando y mis manos buscaban en vano la hebilla del cinturón para soltarla.

Desesperadamente, pero tratando de no atolondrarme, traté de abrir la hebilla. Sabía que no disponía de mucho tiempo: en buen estado físico puedo durar más de ochenta segundos bajo el agua. Había dejado de respirar desde el momento en que me sentí en el fondo de la balsa. Iban por lo menos cinco segundos. Corrí la mano alrededor de la cintura y creo que en menos de un segundo encontré el cinturón. En otro segundo encontré la hebilla. Estaba ajustada contra el enjaretado, de manera que yo debía suspenderme de la balsa con la otra mano para aflojar la presión. Tardé mucho en encontrar de donde agarrarme fuertemente. Luego me suspendí a pulso con el brazo izquierdo. La mano derecha encontró la hebilla, se orientó rápidamente y aflojó la correa. Manteniendo la hebilla abierta dejé caer de nuevo el cuerpo hacia el fondo, sin soltarme de la borda, y en una fracción de segundo me sentí libre del enjaretado. Sentía que me estallaban los pulmones. Con un último esfuerzo me agarré de la borda con las dos manos; me suspendí con todas mis fuerzas, todavía sin respirar. Involuntariamente, con mi peso no logré otra cosa que voltear de nuevo la balsa. Y yo volví a quedar debajo de ella.

Estaba tragando agua. La garganta, destrozada por la sed, me ardía terriblemente. Pero apenas si me daba cuenta. Lo importante era no soltar la balsa. Logré sacar la cabeza. Tomé aire. Me sentía agotado. No creí que tuviera fuerzas para subir por la borda. Pero estaba al mismo tiempo aterrorizado, metido en el agua que pocas horas antes había visto infestada de tiburones. Seguro de que aquel día sería el último esfuerzo que debía hacer en mi vida, apelé a mis últimos vestigios de energía, me suspendí en la borda y caí exhausto en el fondo de la balsa.

No sé cuánto tiempo estuve así, acostado de cara al cielo, con la garganta dolorida y los extremos de los dedos palpitándome profundamente, en carne viva. Sólo sé que tenía dos preocupaciones al mismo tiempo: que me descansaran los pulmones y que no se volviera a voltear la balsa.

El sol del amanecer

Así amaneció mi octavo día en el mar. Fue una mañana tempestuosa. Si hubiera llovido no hubiera dispuesto de fuerzas para recoger el agua. Pero sentía que la lluvia me habría tonificado. Sin embargo, no cayó ni una gota, a pesar de que la humedad del aire era como un anuncio de la lluvia inminente. El mar seguía picado al amanecer. No se calmó hasta después de las ocho de la mañana. Pero entonces salió el sol y el cielo recobró su color azul intenso.

Completamente agotado me incliné sobre la borda y tomé varios sorbos de agua de mar. Ahora sé que es conveniente para el organismo. Pero entonces lo ignoraba, y sólo recurría a ella cuando me desesperaba el dolor en el cuello. Después de siete días sin tomar agua, la sed es una sensación distinta; es un dolor profundo en la garganta, en el esternón y especialmente debajo de las clavículas. Y es la desesperación de la asfixia. El agua de mar me aliviaba el dolor.

Después de la tormenta el mar amanece azul, como en los cuadros. Cerca de la costa se ven flotar mansamente troncos y raíces, arrancados por la tormenta. Las gaviotas salen a volar sobre el mar. Esa mañana, cuando cesó la brisa, la superficie del agua se volvió metálica y la balsa se deslizó suavemente en línea recta. El viento tibio me reconfortó el cuerpo y el espíritu.

Una gaviota grande, oscura y vieja, voló sobre la balsa. Entonces no pude dudar de que me encontraba cerca de tierra. La gaviota que había capturado unos días antes era un animal joven. A esa edad tienen un formidable alcance de vuelo. Se les puede encontrar a muchas millas en el interior. Pero una gaviota vieja, grande y pesada como la que volaba sobre la balsa en mi octavo día era de aquellas que no se alejaban cien millas de la costa. Me sentí con renovadas fuerzas para resistir. Lo mismo que los primeros días, me puse a escrutar el horizonte. Grandes cantidades de gaviotas se acercaban por todos lados.

Me sentí acompañado y alegre. No tenía hambre. Con más frecuencia que antes tomaba sorbos de agua de mar. Me sentía acompañado en medio de aquella cantidad de gaviotas que volaban en torno a mi cabeza. Me acordé de Mary Address. «¿Qué habrá sido de ella?», me preguntaba, recordando su voz cuando me ayudaba a traducir los diálogos de las películas. Precisamente ese día —el único que me acordé de Mary Address sin ningún motivo, apenas porque el cielo estaba lleno de gaviotas— Mary estaba en el templo católico de Mobile ordenando una misa por el descanso de mi alma. Aquella misa —según me escribió Mary a Cartagena— se dijo el octavo día de mi desaparición. Fue por el descanso de mi alma. Y ahora también creo que fue por el descanso de mi cuerpo, pues aquella mañana, mientras yo me acordaba de Mary Address y ella asistía a una misa en Mobile, yo me sentía dichoso en el mar, viendo las gaviotas que anunciaban la cercanía de la tierra.

Durante casi todo el día estuve sentado en la borda, escrutando el horizonte. El día era de una asombrosa claridad. Estaba seguro de que habría visto la tierra desde una distancia de cincuenta millas. La balsa había cobrado una velocidad que no habrían podido imprimirle dos hombres con cuatro remos. Navegaba en línea recta, como impulsada por un motor, en una superficie lisa y azul.

Después de estar siete días en una balsa, uno es capaz de advertir el cambio más imperceptible en el color del agua. El 7 de marzo, a las tres y media de la tarde, advertí que la balsa entraba en una zona donde el agua no era azul, sino de un verde oscuro. Hubo un instante en que vi el límite: de este lado, la superficie azul que había visto durante siete días; del otro, la superficie verdosa y aparentemente más densa. El cielo estaba lleno de gaviotas que pasaban volando muy bajo. Yo sentía los fuertes aletazos sobre mi cabeza. Eran indicios inequívocos: el cambio en el color del agua, la abundancia de las gaviotas, me indicaron que esa noche debía permanecer en vela, listo a descubrir las primeras luces de la costa.

10

Perdidas las esperanzas... hasta la muerte

No tuve necesidad de forzarme para dormir durante mi octava noche en el mar. La vieja gaviota se posó en la borda desde las nueve, y no se separó de la balsa en toda la noche. Yo estaba recostado en el único remo que me quedaba: el pedazo destrozado por el tiburón. La noche era tranquila y la balsa avanzaba en línea recta hacia un punto determinado. «¿Adónde llegaría?», me preguntaba, convencido por los indicios —el color del agua y la vieja gaviota— de que al día siguiente estaría en tierra firme. No tenía la menor idea del lugar hacia donde se dirigía la balsa impulsada por la brisa.

No estaba seguro de que el bote hubiera conservado la dirección inicial. Si había seguido el rumbo de los aviones era probable que llegara a Colombia. Pero sin una brújula era imposible saberlo. De haber estado viajando hacia el sur, en línea recta, llegaría sin duda a las costas colombianas del Caribe. Pero también era posible que hubiera estado viajando hacia el norte. En ese caso no tenía la menor idea de mi posición.

Antes de la medianoche, cuando caía vencido por el sueño, la vieja gaviota se acercó a picotearme la cabeza. No me hacía daño. Me picoteaba suavemente, sin maltratarme el cuero cabelludo. Parecía como si estuviera acariciándome. Me acordé del jefe de armas del destructor, el que me dijo que era una indignidad de un marino dar muerte a una gaviota, y sentí remordimiento por la pequeña gaviota que maté inútilmente.

Escruté el horizonte hasta la madrugada. Esa noche no hubo frío. Pero no pude descubrir ninguna luz. No había señales de la costa. La balsa se deslizaba por un mar claro y tranquilo, pero no había en torno a mí una luz diferente a la de las estrellas. Cuando permanecía perfectamente quieto la gaviota parecía dormir. Bajaba la cabeza, parado en la borda, y permanecía ella también inmóvil durante largo tiempo. Pero tan pronto como yo me movía daba un salto y se ponía a picotearme la cabeza.

En la madrugada cambié de posición. Dejé a la gaviota del lado de los pies. La sentí picotearme los zapatos. Luego la sentí acercarse por la borda. Permanecí inmóvil. La gaviota se quedó completamente inmóvil. Luego se posó junto a mi cabeza, también inmóvil. Pero tan pronto como moví la cabeza empezó a picotearme el cabello, casi con ternura. Aquello se volvía un juego. Cambié varias veces de posición. Y varias veces la gaviota se movió al lado de mi cabeza. Ya al amanecer, sin necesidad de proceder con cautela, extendí la mano y la agarré por el cuello.

No pensé en darle muerte. La experiencia de la otra gaviota me indicaba que sería un sacrificio inútil. Tenía hambre, pero no pensaba saciarla en aquel animal amigo, que me había acompañado durante toda la noche, sin hacerme daño. Cuando la agarré extendió las alas, se sacudió bruscamente y trató de liberarse. En un instante le crucé las alas por encima del cuello para privarla de su movilidad. Entonces levantó la cabeza y a las primeras luces del día vi sus ojos, transparentes y asustados. Aunque en algún momento hubiera pensado en descuartizarla, al ver sus enormes ojos tristes hubiera desistido de mi propósito.

El sol salió temprano, con una fuerza que

puso a hervir el aire desde las siete. Yo seguía acostado en la balsa, con la gaviota fuertemente agarrada. El mar era todavía verde y espeso, como el día anterior, pero no había por ningún lado señales de la costa. El aire era sofocante. Entonces solté a mi prisionera, que sacudió la cabeza y salió disparada hacia el cielo. Un momento después se había incorporado a la bandada.

El sol fue esa mañana —mi novena mañana en el mar— mucho más abrasador que en todos los días anteriores. A pesar de que me había cuidado de que no me diera nunca en los pulmones, tenía la espalda ampollada. Tuve que quitar el remo en que me apoyaba y sumergirme en el agua, porque ya no podía resistir el contacto de la madera en la espalda. Tenía quemados los hombros y los brazos. Ni siquiera podía tocarme la piel con los dedos, porque sentía como si fueran brasas al rojo vivo. Sentía los ojos irritados. No podía fijarlos en ningún punto, porque el aire se llenaba de círculos luminosos y cegadores. Hasta ese día no me había dado cuenta del lamentable estado en que me encontraba. Estaba deshecho, llagado por la sal del agua y el sol. Sin ningún esfuerzo me arrancaba de los brazos largas tiras de piel. Debajo quedaba una superficie roja y lisa. Un instante después sentía palpitar dolorosamente el espacio pelado y la sangre me brotaba por los poros.

No me había dado cuenta de la barba. Tenía once días de no afeitarme. La barba espesa me llegaba hasta el cuello, pero no podía tocármela, porque me dolía terriblemente la piel, irritada por el sol. La idea de mi rostro demacrado, de mi cuerpo ampollado, me hizo recordar lo mucho que había sufrido en aquellos días de soledad y desesperación. Y volví a sentirme desesperado. No había señales de la costa. Era el mediodía y volví a perder las esperanzas de llegar a tierra. Por mucho que avanzara la balsa era imposible que llegara a la playa antes del anochecer, si no habían aparecido a esa hora, por ningún lado, los perfiles de la costa.

«Quiero morir»

Una alegría elaborada en doce horas desapareció en un minuto, sin dejar rastros. Mis fuerzas se derrumbaron. Desistí de todas mis preocupaciones. Por primera vez en nueve días me acosté boca abajo, con la abrasada espalda expuesta al sol. Lo hice sin piedad por mi cuerpo.

Sabía que de permanecer así antes del anochecer me habría asfixiado.

Hay un instante en que ya no se siente dolor. La sensibilidad desaparece y la razón empieza a embotarse hasta cuando se pierde la noción del tiempo y del espacio. Boca abajo en la balsa, con los brazos apoyados en la borda y la barba apoyada en los brazos, sentí al principio los despiadados mordiscos del sol. Vi el aire poblado de puntos luminosos, durante varias horas. Por fin cerré los ojos, extenuado, pero entonces ya el sol no me ardía en el cuerpo. No sentía sed ni hambre. No sentía nada, aparte de una indiferencia general por la vida y la muerte. Pensé que me estaba muriendo. Y esa idea me llenó de una extraña y oscura esperanza.

Cuando abrí los ojos estaba otra vez en Mobile. Hacía un calor asfixiante y había ido a una fiesta al aire libre, con otros compañeros del destructor y con el judío Massey Nasser, el dependiente del almacén de Mobile donde comprábamos ropa los marineros. Era el que me había dado las tarjetas. Durante los ocho meses en que el buque estuvo en reparación, Massey Nasser se dedicó a atender a los marineros colombianos, y nosotros, en prueba de gratitud, no comprábamos en un almacén distinto al suyo. Él hablaba el español correctamente, a pesar de que, según nos dijo, nunca había estado en un país de lengua castellana.

Ese día, como casi todos los sábados, estábamos en ese café al aire libre donde sólo había judíos y marineros colombianos. En una tarima de tabla bailaba la misma mujer de todos los sábados. Tenía el vientre desnudo y el rostro cubierto por un velo, como las bailarinas árabes de las películas. Nosotros aplaudíamos y tomábamos cerveza enlatada. El más alegre de todos era Massey Nasser, el dependiente judío del almacén de Mobile, que nos vendió ropa fina y barata a todos los marineros colombianos.

No sé cuánto tiempo estuve así, embotado, con la alucinación de la fiesta de Mobile. Sólo sé que de pronto di un salto en la balsa y estaba atardeciendo. Entonces vi, como a cinco metros de la balsa, una enorme tortuga amarilla con una cabeza atigrada y unos fijos e inexpresivos ojos como dos gigantescas bolas de cristal, que me miraban espantosamente. Al principio creí que era otra alucinación y me senté en la balsa, aterrorizado. El monstruoso animal, que medía como cuatro metros de la cabeza a la cola, se hundió cuando me vio mover, dejando un rastro de espuma. Yo no sabía si era realidad o fantasía. Y todavía no me atrevo a decir si era realidad o fantasía, a pesar de que durante breves minutos vi nadar aquella gigantesca tortuga amarilla delante de la balsa, llevando fuera del agua su espantosa y pintada cabeza de pesadilla. Sólo sé que —fuera realidad o fuera fantasía— habría bastado con que tocara la balsa para que la hubiera hecho girar varias veces sobre sí misma.

La tremenda visión me hizo recobrar el miedo. Y en ese instante el miedo me reconfortó. Agarré el pedazo de remo, me senté en la balsa y me preparé para la lucha, con ese monstruo o con cualquier otro que tratara de voltear la balsa. Iban a ser las cinco. Puntuales, como siempre, los tiburones estaban saliendo del mar a la superficie.

Miré al lado de la balsa donde anotaba los días y conté ocho rayas. Pero recordé que no había anotado la de aquel día. La marqué con las llaves, convencido de que sería la última, y sentí desesperación y rabia ante la certidumbre de que me resultaba más difícil morir que seguir viviendo. Esa mañana había decidido entre la vida y la muerte. Había escogido la muerte, y sin embargo seguía vivo, con el pedazo de remo en la mano, dispuesto a seguir luchando por la vida. A seguir luchando por lo único que ya no me importaba nada.

La raíz misteriosa

En medio de aquel sol metálico, de aquella desesperación, de aquella sed que por primera vez empezaba a ser insoportable, me sucedió una cosa increíble: en el centro de la balsa, enredada entre los cabos de la malla, había una raíz roja, como esas raíces que machacan en Boyacá para hacer color, y cuyo nombre no recuerdo. No sé desde cuándo estaba allí. Durante mis nueve días en el mar no había visto una brizna de hierba en la superficie. Y, sin embargo, sin que supiera cómo, aquella raíz estaba allí, enredada en los cabos de la malla, como otro anuncio inequívoco de la tierra que no veía por ningún lado.

Tenía como treinta centímetros de longitud. Hambriento, pero ya sin fuerzas para pensar en mi hambre, mordí despreocupadamente la raíz. Me supo a sangre. Soltaba un aceite espeso y dulce que me refrescó la garganta. Pensé que tenía sabor de veneno. Pero seguí comiendo, devorando el pedazo de palo retorcido, hasta cuando no quedó ni una astilla.

Cuando terminé de comer no me sentí más aliviado. Se me ocurrió que aquello era una rama de olivo, porque me acordé de la historia sagrada: cuando Noé echó a volar la paloma el animal regresó al arca con una rama de olivo, señal de que el agua había vuelto a desocupar la tierra. Yo pensaba que la rama de olivo de la paloma era como aquella con que acababa de distraer mi hambre de nueve días.

Puede esperarse un año en el mar, pero hay un día en que ya es imposible soportar una hora más. El día anterior había pensado que amanecería en tierra firme. Habían transcurrido veinticuatro horas y sólo seguía viendo agua y cielo. Ya no esperaba nada. Era mi novena noche en el mar. «Nueve noches de muerto», pensé con terror, seguro de que a esa hora mi casa del barrio Olaya, en Bogotá, estaba llena de amigos de la familia. Era la última noche de mis velaciones. Mañana desarmarían el altar y poco a poco se irían acostumbrando a mi muerte.

Nunca hasta esa noche había perdido una remota esperanza de que alguien se acordara de mí y tratara de rescatarme. Pero cuando recordé que aquélla debía ser para mi familia la novena noche de mi muerte, la última de mis velaciones, me sentí completamente olvidado en el mar. Y pensé que nada mejor podía ocurrirme que morir. Me acosté en el fondo de la balsa. Quise decir en voz alta: «Ya no me levanto más». Pero la voz se me apagó en la garganta. Me acordé del colegio. Me llevé a la boca la medalla

de la Virgen del Carmen y me puse a rezar mentalmente, como suponía que a esa hora lo estaba haciendo mi familia en mi casa. Entonces me
sentí bien, porque sabía que me estaba muriendo.

11

Al décimo día, otra alucinación: la tierra

Mi novena noche fue la más larga de todas. Me
había acostado en la balsa y las olas se rompían
suavemente contra la borda. Pero no era dueño de
mis sentidos. Y en cada ola que estallaba junto a
mi cabeza yo sentía repetirse la catástrofe. Se dice
que los moribundos «salen a recorrer sus pasos».
Algo de eso me ocurrió en aquella noche de recapitulación. Yo estaba otra vez en el destructor,
acostado entre las neveras y las estufas, en la popa,
con Ramón Herrera, y viendo a Luis Rengifo en
la guardia, en una febril recapitulación del mediodía del 28 de febrero. Cada vez que la ola se rom-
pía contra la borda yo sentía que se rodaba la carga, que me iba al fondo del agua y que nadaba
hacia arriba, tratando de alcanzar la superficie.

Minuto a minuto, mis nueve días de soledad, angustia, hambre y sed en el mar se repetían entonces, nítidamente, como en una pantalla cinematográfica. Primero la caída. Después mis compañeros, gritando en torno a la balsa; después el hambre, la sed, los tiburones y los recuerdos de Mobile pasando en una sucesión de imágenes. Tomaba precauciones para no caer. Me veía otra vez en la popa del destructor, tratando de amarrarme para que no me arrastrara la ola. Me amarraba con tanta fuerza que me dolían las muñecas, los tobillos y sobre todo la rodilla derecha. Pero, a pesar de los cabos sólidamente atados, la ola venía siempre y me arrastraba al fondo del mar. Cuando recobraba la lucidez estaba nadando hacia arriba. Asfixiándome.

Días antes había pensado amarrarme a la balsa. Aquella noche debía hacerlo, pero no tenía fuerzas para incorporarme y buscar los cabos del enjaretado. No podía pensar. Por primera vez en nueve días no me daba cuenta de mi situación. En el estado en que me encontraba hay que considerar como un milagro que aquella noche no me arrastraran las olas al fondo del mar. No habría visto. Tenía la realidad confundida en las alucinaciones. Si una ola hubiera volteado la balsa, tal vez yo habría pensado que era otra alucinación, habría sentido que caía otra vez del destructor —como lo sentí tantas veces aquella noche— y en un segundo habría caído al fondo a alimentar los tiburones que durante nueve días habían esperado pacientemente junto a la borda.

Pero de nuevo esa noche me protegió mi buena suerte. Estuve sin sentido, recapitulando minuto a minuto mis nueve días de soledad y ahora veo que iba tan seguro como si hubiera estado amarrado a la borda.

Al amanecer, el viento se volvió helado. Tenía fiebre. Mi cuerpo ardiente se estremeció, penetrado hasta los huesos por el escalofrío. La rodilla derecha empezó a dolerme. La sal del mar la había mantenido seca, pero continuaba viva, como el primer día. Siempre me había cuidado de no lastimarla. Pero esa noche, acostado boca abajo, llevaba la rodilla apoyada contra el piso de la balsa, y la herida me palpitaba dolorosamente. Ahora tengo razones para pensar que la herida me salvó la vida. Como entre nieblas, comencé a percibir el dolor. Estaba dándome cuenta de mi cuerpo. Sentí el viento helado contra mi rostro febril. Ahora sé que durante varias horas estuve diciendo un sartal de cosas confusas, hablando con mis compañeros, tomando helados con Mary

Address en un lugar donde había una música estridente.

Después de muchas horas incontables sentí que me estallaba la cabeza. Las sienes me palpitaban y me dolían los huesos. Sentía la rodilla en carne viva, paralizada por la hinchazón. Era como si la rodilla fuera más grande, mucho más grande que mi cuerpo.

Me di cuenta de que estaba en la balsa cuando empezó a amanecer. Pero entonces no sabía cuánto tiempo llevaba en esa situación. Recordé, haciendo un esfuerzo supremo, que había trazado nuevas rayas en la borda. Pero no recordaba cuándo había trazado la última. Me parecía que había transcurrido mucho tiempo desde aquella tarde en que me comí una raíz que encontré enredada en los cabos de la malla. ¿Había sido un sueño? Aún tenía en la boca un sabor dulce y espeso, pero cuando hacía una recapitulación de mis alimentos no me acordaba de ella. No me había reconfortado. Me la había comido entera, pero sentía el estómago vacío. Estaba sin fuerzas.

¿Cuántos días habían pasado desde entonces? Sabía que estaba amaneciendo, pero no habría podido saber cuántas noches había estado exhausto en el fondo de la balsa, esperando una muerte que parecía más esquiva que la tierra. El cielo se puso rojo, como al atardecer. Y ése fue otro factor de confusión: entonces no supe si era un nuevo día o un nuevo atardecer.

¡Tierra!

Desesperado por el dolor de la rodilla traté de cambiar de posición. Quise voltearme, pero me fue imposible. Me sentía tan agotado que me parecía imposible ponerme en pie. Entonces moví la pierna herida, me suspendí con las manos apoyadas en el fondo de la balsa y me dejé caer de espaldas, boca arriba, con la cabeza apoyada en la borda. Evidentemente, estaba amaneciendo. Miré el reloj. Eran las cuatro de la madrugada. Todos los días a esa hora escrutaba el horizonte. Pero ya había perdido las esperanzas de la tierra. Continué mirando el cielo, viéndolo pasar del rojo vivo al azul pálido. El aire seguía helado, me sentía con fiebre y la rodilla me palpitaba con un dolor penetrante. Me sentía mal porque no había podido morir. Estaba sin fuerzas, pero completamente vivo. Y aquella certidumbre me produjo una sensación de desamparo. Habría creído que no pasaría de aquella noche. Y, sin embargo, seguía como siempre, sufriendo en la balsa y entrando a un nuevo día, que sería un día más, un día vacío, con un sol insoportable y una manada de tiburones en torno a la balsa, desde las cinco de la tarde.

Cuando el cielo comenzó a ponerse azul miré el horizonte. Por todos los lados estaba el agua verde y tranquila. Pero frente a la balsa, en la penumbra del amanecer, hallé una larga sombra espesa. Contra el cielo diáfano se encontraban los perfiles de los cocoteros.

Sentí rabia. El día anterior me había visto en una fiesta en Mobile. Luego, había visto una gigantesca tortuga amarilla, y durante la noche había estado en mi casa de Bogotá, en el colegio La Salle de Villavicencio y con mis compañeros del destructor. Ahora estaba viendo la tierra. Si cuatro o cinco días antes hubiera sufrido aquella alucinación me habría vuelto loco de alegría. Habría mandado la balsa al diablo y me habría echado al agua para alcanzar rápidamente la orilla.

Pero en el estado en que yo me encontraba se está prevenido contra las alucinaciones. Los cocoteros eran demasiado nítidos para que fueran ciertos. Además, no los veía a una distancia constante. A veces me parecía verlos al lado mismo de la balsa. Más tarde parecía verlos a dos, a tres kilómetros de distancia. Por eso no sentía alegría. Por eso me reafirmé en mis deseos de morir, antes que me volvieran loco las alucinaciones. Volví a mirar hacia el cielo. Ahora era un cielo alto y sin nubes, de un azul intenso.

A las cuatro y cuarenta y cinco se veían en el horizonte los resplandores del sol. Antes había sentido miedo de la noche, ahora el sol del nuevo día me parecía un enemigo. Un gigantesco e implacable enemigo que venía a morderme la piel ulcerada, a enloquecerme de sed y de hambre. Maldije el sol. Maldije el día. Maldije mi suerte que me había permitido soportar nueve días a la deriva en lugar de permitir que hubiera muerto de hambre o descuartizado por los tiburones.

Como volvía a sentirme incómodo, busqué el pedazo de remo en el fondo de la balsa para recostarme. Nunca he podido dormir con una almohada demasiado dura. Sin embargo, buscaba con ansiedad un pedazo de palo destrozado por los tiburones para apoyar la cabeza.

El remo estaba en el fondo, todavía amarrado a los cabos del enjaretado. Lo solté. Lo ajusté debidamente a mis espaldas doloridas, y la cabeza me quedó apoyada por encima de la borda. Entonces fue cuando vi claramente, contra el sol rojo que empezaba a levantarse, el largo y verde perfil de la costa.

Iban a ser las cinco. La mañana era perfectamente clara. No podía caber la menor duda de que la tierra era una realidad. Todas las alegrías frustradas en los días anteriores —la alegría de los aviones, de las luces de los barcos, de las gaviotas y del color del agua— renacieron entonces atropelladamente, a la vista de la tierra.

Si a esa hora me hubiera comido dos huevos fritos, un pedazo de carne, café con leche y pan —un desayuno completo del destructor— tal vez no me habría sentido con tantas fuerzas como después de haber visto aquello que yo creí que realmente era la tierra. Me incorporé de un salto. Vi, perfectamente, frente a mí, la sombra de la costa y el perfil de los cocoteros. No veía luces. Pero a mi derecha, como a diez kilómetros de distancia, los primeros rayos del sol brillaban con un resplandor metálico en los acantilados. Loco de alegría, agarré mi único pedazo de remo y traté de impulsar la balsa hasta la costa, en línea recta.

Calculé que habría dos kilómetros desde la balsa hasta la orilla. Tenía las manos deshechas y el ejercicio me maltrataba la espalda. Pero no había resistido nueve días —diez con el que estaba empezando— para renunciar ahora que estaba frente a la tierra. Sudaba. El viento frío del amanecer me secaba el sudor y me producía un dolor destemplado en los huesos, pero seguía remando.

Pero, ¿dónde está la tierra?

No era un remo para una balsa como aquélla. Era un pedazo de palo. Ni siquiera me servía de sonda para tratar de averiguar la profundidad del agua. Durante los primeros minutos, con la extraña fuerza que me imprimió la emoción, logré avanzar un poco. Pero luego me sentí agotado, levanté el remo un instante, contemplando la exuberante vegetación que crecía frente a mis ojos, y vi que una corriente paralela a la costa impulsaba la balsa hacia los acantilados.

Lamenté haber perdido mis remos. Sabía que uno de ellos, entero y no destrozado por los tiburones como el que llevaba en la mano, habría podido dominar la corriente. Por instantes pensé que tendría paciencia para esperar a que la balsa llegara a los acantilados. Brillaban bajo el primer sol de la mañana como una montaña de agujas metálicas. Por fortuna estaba tan desesperado por sentir la tierra firme bajo mis pies que sentí lejana la esperanza. Más tarde supe que eran las rompientes de Punta Caribana, y que de haber permitido que la corriente me arrastrara me habría destrozado contra las rocas.

Traté de calcular mis fuerzas. Necesitaba nadar dos kilómetros para alcanzar la costa. En buenas condiciones puedo nadar dos kilómetros en menos de una hora. Pero no sabía cuánto tiempo podía nadar después de diez días y sin comer nada más que un pedazo de pescado y una raíz, con el cuerpo ampollado por el sol y la rodilla herida. Pero aquélla era mi última oportunidad. No tuve tiempo de pensarlo. No tuve tiempo de acordarme de los tiburones. Solté el remo, cerré los ojos y me arrojé al agua.

Al contacto del agua helada me reconforté. Desde el nivel del mar perdí la visión de la costa. Tan pronto como estuve en el agua me di cuenta de que había cometido dos errores: no me había quitado la camisa ni me había ajustado los zapatos. Traté de no hundirme. Fue eso lo primero que tuve que hacer, antes de empezar a nadar. Me quité la camisa y me la amarré fuertemente alrededor de la cintura. Luego, me apreté los cordones de los zapatos. Entonces sí empecé a nadar. Primero desesperadamente. Luego con más calma, sintiendo que a cada brazada se me agotaban las fuerzas, y ahora sin ver la tierra.

No había avanzado cinco metros cuando sentí que se me reventó la cadena con la medalla de la Virgen del Carmen. Me detuve. Alcancé a recogerla cuando empezaba a hundirse en el agua verde y revuelta. Como no tenía tiempo de guardármela en los bolsillos la apreté con fuerza entre los dientes y seguí nadando.

Ya me sentía sin fuerzas y, sin embargo, aún no veía la tierra. Entonces volvió a invadirme el terror: acaso, ciertamente, la tierra había sido otra alucinación. El agua fresca me había reconfortado y yo estaba otra vez en posesión de mis sentidos, nadando desesperadamente hacia la playa de una alucinación. Ya había nadado mucho. Era imposible regresar en busca de la balsa.

12

Una resurrección en tierra extraña

Sólo después de estar nadando desesperadamente durante quince minutos empecé a ver la tierra. Todavía estaba a más de un kilómetro. Pero no me cabía entonces la menor duda de que era la realidad y no un espejismo. El sol doraba la copa de los cocoteros. No había luces en la costa. No había ningún pueblo, ninguna casa visible desde el mar. Pero era tierra firme. Antes de veinte minutos estaba agotado, pero me sentía seguro de llegar. Nadaba con fe, tratando de no permitir que la emoción me hiciera perder los controles. He estado media vida en el agua, pero nunca como esa mañana del 9 de marzo había comprendido y apreciado la importancia de ser buen nadador. Sintiéndome cada vez con menos fuerza, seguí nadando hacia la costa. A medida que avanzaba veía más claramente el perfil de los cocoteros.

El sol había salido cuando creí que podría tocar fondo. Traté de hacerlo, pero aún había suficiente profundidad. Evidentemente, no me encontraba frente a una playa. El agua era honda hasta muy cerca de la orilla, de manera que tendría que seguir nadando. No sé exactamente cuánto tiempo nadé. Sé que a medida que me acercaba a la costa el sol iba calentando sobre mi cabeza, pero ahora no me torturaba la piel sino que me estimulaba los músculos. En los primeros metros el agua helada me hizo pensar en los calambres. Pero el cuerpo entró en calor rápidamente. Luego, el agua fue menos fría y yo nadaba fatigado, como entre nubes, pero con un ánimo y una fe que prevalecían sobre mi sed y mi hambre.

Veía perfectamente la espesa vegetación a la luz del tibio sol matinal, cuando busqué fondo por segunda vez. Allí estaba la tierra bajo mis zapatos. Es una sensación extraña esa de pisar la tierra después de diez días a la deriva en el mar.

Sin embargo, bien pronto me di cuenta de que aún me faltaba lo peor. Estaba totalmente agotado. No podía sostenerme en pie. La ola de resaca me empujaba con violencia hacia el interior. Tenía apretada entre los dientes la medalla de la Virgen del Carmen. La ropa, los zapatos de caucho, me pesaban terriblemente. Pero aun en esas tremendas circunstancias se tiene pudor. Pensaba que dentro de breves momentos podría encontrarme con alguien. Así que seguí luchando contra las olas de resaca, sin quitarme la ropa, que me impedía avanzar, a pesar de que sentía que estaba desmayándome a causa del agotamiento.

El agua me llegaba más arriba de la cintura. Con un esfuerzo desesperado logré llegar hasta cuando me llegaba a los muslos. Entonces decidí arrastrarme. Clavé en tierra las rodillas y las palmas de las manos y me impulsé hacia adelante. Pero fue inútil. Las olas me hacían retroceder. La arena menuda y acerada me lastimó la herida de la rodilla. En ese momento yo sabía que estaba sangrando, pero no sentía dolor. Las yemas de mis dedos estaban en carne viva. Aun sintiendo la dolorosa penetración de la arena entre las uñas clavé los dedos en la tierra y traté de arrastrarme. De pronto me asaltó otra vez el terror: la tierra, los cocoteros dorados bajo el sol, empezaron a moverse frente a mis ojos. Creí que me estaba tragando la tierra.

Sin embargo, aquella impresión debió de ser una ilusión ocasionada por mi agotamiento. La idea de que estaba sobre arena movediza me infundió un ánimo desmedido —el ánimo del terror— y dolorosamente, sin piedad y por mis manos descarnadas, seguí arrastrándome contra las olas. Diez minutos después todos los padecimientos, el hambre y la sed de diez días, se habían encontrado atropelladamente en mi cuerpo. Me extendí, moribundo, sobre la tierra dura y tibia, y estuve allí sin pensar en nada, sin dar gracias a nadie, sin alegrarme siquiera de haber alcanzado a fuerza de voluntad, de esperanza y de implacable deseo de vivir, un pedazo de playa silenciosa y desconocida.

Las huellas del hombre

En tierra, la primera impresión que se experimenta es la del silencio. Antes de que uno se dé cuenta de nada está sumergido en un gran silencio. Un momento después, remoto y triste, se percibe el golpe de las olas contra la costa. Y luego, el murmullo de la brisa entre las palmas de los cocoteros infunde la sensación de que se está en tierra firme. Y la sensación de que uno se ha salvado, aunque no sepa en qué lugar del mundo se encuentra.

Otra vez en posesión de mis sentidos, acostado en la playa, me puse a examinar el paraje. Era una naturaleza brutal. Instintivamente busqué las huellas del hombre. Había una cerca de alambre de púas como a veinte metros del lugar en que me encontraba. Había un camino estrecho y torcido con huellas de animales. Y junto al camino habían cáscaras de cocos despedazados. El más insignificante rastro de la presencia humana tuvo para mí en aquel instante el significado de una revelación. Desmedidamente alegre, apoyé la mejilla contra la arena tibia y me puse a esperar.

Esperé durante diez minutos, aproximadamente. Poco a poco iba recobrando las fuerzas. Eran más de las seis y el sol había salido por completo. Junto al camino, entre las cáscaras destrozadas, habían varios cocos enteros. Me arrastré hacia ellos, me recosté contra un tronco y presioné el fruto liso e impenetrable entre mis rodillas. Como cinco días antes había hecho con el pescado, busqué ansiosamente las partes blandas. A cada vuelta que le daba al coco sentía batirse el agua en su interior. Aquel sonido gutural y profundo me revolvía la sed. El estómago me dolía, la herida de la rodilla estaba sangrando, y mis dedos, en carne viva, palpitaban con un dolor lento y profundo. Durante mis diez días en el mar no tuve en ningún momento la sensación de que me volvería loco. La tuve por primera vez esa mañana, cuando daba vueltas al coco buscando un punto por donde penetrarlo, y sentía batirse entre mis manos el agua fresca, limpia e inalcanzable.

Un coco tiene tres ojos, arriba, ordenados en triángulo. Pero hay que pelarlo con un machete para encontrarlos. Yo sólo disponía de mis llaves. Inútilmente insistí varias veces, tratando de penetrar la áspera y sólida corteza con las llaves. Por fin, me declaré vencido. Arrojé el coco con rabia, oyendo rebotar el agua en su interior.

Mi última esperanza era el camino. Allí, a mi lado, las cáscaras desmigajadas me indicaban que alguien debía venir a tumbar cocos. Los restos demostraban que alguien venía todos los días, subía a los cocoteros y luego se dedicaba a pelar los cocos. Aquello demostraba, además, que estaba cerca de un lugar habitado, pues nadie recorre una distancia considerable sólo por llevar una carga de cocos.

Yo pensaba estas cosas, recostado en un tronco, cuando oí —muy distante— el ladrido de un perro. Me puse en guardia. Alerté los sentidos. Un instante después, oí claramente el tintineo de algo metálico que se acercaba por el camino.

Era una muchacha negra, increíblemente delgada, joven y vestida de blanco. Llevaba en la mano una ollita de aluminio cuya tapa, mal ajustada, sonaba a cada paso. «¿En qué país me encuentro?», me pregunté, viendo acercarse por el camino a aquella negra con tipo de Jamaica. Me acordé de San Andrés y Providencia. Me acordé de todas las islas de las Antillas. Aquella mujer era mi primera oportunidad, pero también podía ser la última. «¿Entenderá castellano?», me dije, tratando de descifrar el rostro de la muchacha que distraídamente, todavía sin verme, arrastraba por el camino sus polvorientas pantuflas de cuero. Estaba tan desesperado por no perder la oportunidad, que tuve la absurda idea de que si le hablaba en español no me entendería; que me dejaría allí, tirado en la orilla del camino.

—*Hello, Hello!* —le dije, angustiado.

La muchacha se volvió a mirarme con unos ojos enormes, blancos y espantados.

—*Help me!* —exclamé, convencido de que me estaba entendiendo.

Ella vaciló un momento, miró en torno suyo y se lanzó en carrera por el camino, espantada.

El hombre, el burro y el perro

Sentí que me moriría de angustia. En un momento me vi en aquel sitio, muerto, despedazado por los gallinazos. Pero, luego, volví a oír al perro, cada vez más cerca. El corazón comenzó a darme golpes, a medida que se aproximaban los ladridos. Me apoyé en las palmas de las manos. Levanté la cabeza. Esperé. Un minuto. Dos. Y los ladridos se oyeron cada vez más cercanos. De pronto sólo quedó el silencio. Luego, el batir de las olas y el rumor del viento entre los cocoteros. Después, en el minuto más largo que recuerdo en mi vida, apareció un perro escuálido, seguido por un burro con dos canastos. Detrás de ellos venía un hombre blanco, pálido, con sombrero de caña y los pantalones enrollados hasta la rodilla. Tenía una carabina terciada a la espalda.

Tan pronto como apareció en la vuelta del camino me miró con sorpresa. Se detuvo. El perro, con la cola levantada y recta, se acercó a olfatearme. El hombre permaneció inmóvil, en silencio.

Luego, bajó la carabina, apoyó la culata en tierra y se quedó mirándome.

No sé por qué, pensaba que estaba en cualquier parte del Caribe menos en Colombia. Sin estar muy seguro que me entendiera, decidí hablar en español.

—¡Señor, ayúdeme! —le dije.

Él no contestó en seguida. Continuó examinándome enigmáticamente, sin parpadear, con la carabina apoyada en el suelo. «Lo único que me falta ahora es que me pegue un tiro», pensé fríamente. El perro me lamía la cara, pero ya no tenía fuerzas para esquivarle.

—¡Ayúdeme! —repetí, ansioso y desesperado, pensando que el hombre no me entendía.

—¿Qué le pasa? —me preguntó con acento amable.

Cuando oí su voz me di cuenta de que más que la sed, el hambre y la desesperación, me atormentaba el deseo de contar lo que me había pasado. Casi ahogándome con las palabras, le dije sin respirar:

—Yo soy Luis Alejandro Velasco, uno de los marineros que se cayeron el 28 de febrero del destructor *Caldas*, de la Armada Nacional.

Yo creí que todo el mundo estaba obligado a conocer la noticia. Creí que tan pronto como dijera mi nombre el hombre se apresuraría a ayudarme. Sin embargo, no se inmutó. Continuó en el mismo sitio, mirándome, sin preocuparse siquiera del perro, que me lamía la rodilla herida.

—¿Es marinero de gallinas? —me preguntó, pensando tal vez en las embarcaciones de cabotaje que trafican con cerdos y aves de corral.

—No. Soy marinero de guerra.

Sólo entonces el hombre se movió. Se terció de nuevo la carabina a la espalda, se echó el sombrero hacia atrás, y me dijo: «Voy a llevar un alambre hasta el puerto y vuelvo por usted». Sentí que aquélla era otra oportunidad que se me escapaba. «¿Seguro que volverá?», le dije, con voz suplicante.

El hombre respondió que sí. Que volvía con absoluta seguridad. Me sonrió amablemente y reanudó la marcha detrás del burro. El perro continuó a mi lado, olfateándome. Sólo cuando el hombre se alejaba se me ocurrió preguntarle, casi con un grito:

—¿Qué país es éste?

Y él, con una extraordinaria naturalidad, me dio la única respuesta que yo no esperaba en aquel instante:

—Colombia.

13

Seiscientos hombres me conducen a San Juan

Volvió, como lo había prometido. Antes de que empezara a esperarlo —no más de quince minutos después— regresó con el burro y los canastos vacíos y con la muchacha negra de la ollita de aluminio, que era su mujer, según supe más tarde. El perro no se había movido de mi lado. Dejó de lamerme la cara y las heridas. Dejó de olfatearme. Se echó a mi lado, inmóvil, medio dormido, hasta cuando vio acercarse al burro. Entonces dio un salto y empezó a menear la cola.

—¿No puede caminar? —me dijo el hombre.

—Voy a ver —le dije. Traté de ponerme en pie, pero me fui de bruces.

—No puede —dijo el hombre, impidiéndome que me cayera.

Entre él y la mujer me subieron en el burro. Y sosteniéndome por debajo de los brazos hicieron andar al animal. El perro iba delante dando saltos.

Por todo el camino habían cocos. En el mar había soportado la sed. Pero allí, sobre el burro, avanzando por un camino estrecho y torcido, bordeado de cocoteros, sentí que no podía resistir un minuto más. Pedí que me diera agua de coco.

—No tengo machete —dijo el hombre.

Pero no era cierto. Llevaba un machete al cinto. Si en aquel momento yo hubiera estado en condiciones de defenderme le habría quitado el machete por la fuerza y habría pelado un coco y me lo habría comido entero.

Más tarde me di cuenta por qué rehusó el hombre darme agua de coco. Había ido a una casa situada a dos kilómetros del lugar en que me encontró, había hablado con la gente de allí y ésta le había advertido que no me diera nada de comer hasta cuando no me viera un médico. Y el médico más cercano estaba a dos días de viaje, en San Juan de Urabá.

Antes de media hora llegamos a la casa. Una rudimentaria construcción de madera y techo de zinc a un lado del camino. Allí había tres hombres y dos mujeres. Entre todos me ayudaron a bajar del burro, me condujeron al dormitorio y me acostaron en una cama de lienzo. Una de las mujeres fue a la cocina, trajo una ollita con agua de canela hervida y se sentó al borde de la cama, a darme cucharadas. Con las primeras gotas me sentí desesperado. Con las segundas sentí que recobraba el ánimo. Entonces ya no quería beber más, sino contar lo que me había pasado.

Nadie tenía noticias del accidente. Traté de explicarles, de echarles el cuento completo para que supieran cómo me había salvado. Yo tenía entendido que a cualquier lugar del mundo a donde llegara se tendrían noticias de la catástrofe. Me decepcionó saber que me había equivocado, mientras la mujer me daba cucharadas de agua de canela, como a un niño enfermo.

Varias veces insistí en contar lo que me había pasado. Impasibles, los cuatro hombres y las otras dos mujeres permanecían a los pies de la cama, mirándome. Aquello parecía una ceremonia. De no haber sido por la alegría de estar a salvo de los tiburones, de los numerosos peligros del mar que me habían amenazado durante diez días, habría pensado que aquellos hombres y aquellas mujeres no pertenecían a este planeta.

Tragándose la historia

La amabilidad de la mujer que me daba de beber no permitía confusiones de ninguna especie. Cada vez que yo trataba de narrar mi historia me decía:

—Estése callado ahora. Después nos cuenta.

Yo me habría comido lo que hubiera tenido a mi alcance. Desde la cocina llegaba al dormitorio el oloroso humo del almuerzo. Pero fueron inútiles todas mis súplicas.

—Después de que lo vea el médico le damos de comer —me respondían.

Pero el médico no llegó. Cada diez minutos me daban cucharaditas de agua de azúcar. La menor de las mujeres, una niña, me enjugó las heridas con paños de agua tibia. El día iba transcurriendo lentamente. Y lentamente iba sintiéndome aliviado. Estaba seguro de que me encontraba entre gente amiga. Si en lugar de darme cucharadas de agua de azúcar hubieran saciado mi hambre, mi organismo no habría resistido el impacto.

El hombre que me encontró en el camino se llama Dámaso Imitela. A las diez de la mañana del 9 de marzo, el mismo día en que llegué a la playa, viajó al cercano caserío de Mulatos y regresó a la casa del camino en que yo me encontraba con varios agentes de la policía. Ellos también ignoraban la tragedia. En Mulatos nadie conocía la noticia. Allí no llegan los periódicos. En una tienda, donde ha sido instalado un motor eléctrico, hay una radio y una nevera. Pero no se oyen los radio-periódicos. Según supe después, cuando Dámaso Imitela avisó al inspector de policía que me había encontrado exhausto en una playa y que decía pertenecer al destructor *Caldas*, se puso en marcha el motor y durante todo el día se estuvieron oyendo los radio-periódicos de Cartagena. Pero ya no se hablaba del accidente. Sólo en las primeras horas de la noche se hizo una breve mención del caso. Entonces, el inspector de policía, todos los agentes y sesenta hombres de Mulatos se pusieron en marcha para prestarme auxilio. Un poco después de las doce de la noche invadieron la casa y me despertaron con sus voces. Me despertaron del único sueño tranquilo que había logrado conciliar en los últimos doce días.

Antes del amanecer la casa estaba llena de gente. Todo Mulatos —hombres, mujeres y niños— se había movilizado para verme. Aquél fue mi primer contacto con una muchedumbre de curiosos que en los días sucesivos me seguiría a todas partes. La multitud portaba lámparas y linternas de batería. Cuando el inspector de

Mulatos y casi todos sus acompañantes me movieron de la cama, sentí que me desgarraban la piel ardida por el sol. Era una verdadera rebatiña.

Hacía calor. Sentía que me asfixiaba en medio de aquella muchedumbre de rostros protectores. Cuando salí al camino un montón de lámparas y linternas eléctricas enfocó mi rostro. Quedé ciego en medio de los murmullos y de las órdenes del inspector de policía, impartidas en voz alta. Yo no veía la hora de llegar a alguna parte. Desde el día en que me caí del destructor no había hecho otra cosa que viajar con rumbo desconocido. Esa madrugada seguía viajando, sin saber por dónde, sin imaginar siquiera qué pensaba hacer conmigo aquella multitud diligente y cordial.

El cuento del fakir

Es largo y difícil el camino del lugar en que me encontraron hasta Mulatos. Me acostaron en una hamaca colgada de dos largos palos. Dos hombres en cada extremo de cada uno de los palos me condujeron por un largo, estrecho y retorcido camino iluminado por las lámparas.

Íbamos al aire libre, pero hacía tanto calor como en un cuarto cerrado, a causa de las lámparas.

Los ocho hombres se turnaban cada media hora. Entonces me daban un poco de agua y pedacitos de galleta de soda. Yo hubiera querido saber hacia dónde me llevaban, qué pensaban hacer conmigo. Pero allí se hablaba de todo. Todo el mundo hablaba, menos yo. El inspector, que dirigía la multitud, no permitía que nadie se me acercara para hablarme. Se oían gritos, órdenes, comentarios a larga distancia. Cuando llegamos a la larga callecita de Mulatos la policía no dio abasto para contener la multitud. Eran como las ocho de la mañana.

Mulatos es un caserío de pescadores, donde no hay oficina telegráfica. La población más cercana es San Juan de Urabá, adonde dos veces por semana llega una avioneta procedente de Montería. Cuando llegamos al caserío pensé que había llegado a alguna parte. Pensé que tendría noticias de mi familia. Pero en Mulatos estaba apenas a mitad del camino.

Me instalaron en una casa y todo el pueblo hizo cola para verme. Yo me acordaba de un fakir que vi hace dos años en Bogotá, por cincuenta centavos. Era preciso hacer una larga cola de varias horas para ver al fakir. Uno avanzaba apenas medio metro cada cuarto de hora. Cuando se llegaba a la pieza en que estaba el fakir, metido en una urna de vidrio, ya no se deseaba ver a nadie. Se deseaba salir de eso cuanto antes para mover las piernas, para respirar aire puro.

La única diferencia entre el fakir y yo era que el fakir estaba dentro de una urna de cristal. El fakir tenía nueve días sin comer. Yo tenía diez en el mar y uno acostado en una cama, en un dormitorio de Mulatos. Yo veía pasar rostros frente a mí. Rostros blancos y negros, en una fila interminable.

El calor era terrible. Y yo me sentía entonces lo suficientemente repuesto como para tener un poco de sentido del humor y pensar que alguien pudiera estar en la puerta vendiendo entradas para ver al náufrago.

En la misma hamaca en que me llevaron a Mulatos me llevaron a San Juan de Urabá. Pero la muchedumbre que me acompañaba se había multiplicado. No iban menos de seiscientos hombres. Iban, además, mujeres, niños y animales. Algunos hicieron el viaje en burro. Pero la generalidad lo hizo a pie. Fue un viaje de casi todo un día.

Llevado por aquella multitud, por los seiscientos hombres que se turnaron a lo largo del camino, yo sentía que iba recobrando mis fuerzas paulatinamente. Creo que Mulatos quedó desocupado. Desde las primeras horas de la mañana el motor eléctrico estuvo funcionando y el receptor de radio invadiendo el caserío con su música. Aquello era como una feria. Y yo, el centro y la razón de la feria, seguía tumbado en la cama, mientras el pueblo entero desfilaba para conocerme. Fue esa misma multitud la que no se resignó a dejarme partir solo, sino que se fue a San Juan de Urabá, en una larga caravana que ocupaba todo el ancho de aquel camino tortuoso.

Durante el viaje yo sentía hambre y sed. Los pedacitos de galleta de soda, los insignificantes sorbos de agua, me habían restablecido, pero al mismo tiempo me habían exaltado la sed y el hambre. La entrada a San Juan me hizo recordar las fiestas de los pueblos. Todos los habitantes de la pequeña y pintoresca población, barrida por los vientos del mar, salieron a mi encuentro. Ya se habían tomado medidas para evitar a los curiosos. La policía logró detener la multitud que se agolpaba en las calles para verme.

Ése fue el final de mi viaje. El doctor Humberto Gómez, el primer médico que me hizo un examen detenido, me dio la gran noticia. No me la dio antes de terminar el examen, pues quería estar seguro de que estaba en condiciones de resistirla. Dándome una palmadita en la mejilla, sonriendo amablemente, me dijo:

—La avioneta está lista para llevarlo a Cartagena. Allí lo está esperando su familia.

14

Mi heroísmo consistió en no dejarme morir

Nunca creí que un hombre se convirtiera en héroe por estar diez días en una balsa, soportando el hambre y la sed. Yo no podía hacer otra cosa. Si la balsa hubiera sido una balsa dotada con agua, galletas empacadas a presión, brújula e instrumentos de pesca, seguramente estaría tan vivo como lo estoy ahora. Pero habría una diferencia: no habría sido tratado como un héroe. De manera que el heroísmo, en mi caso, consiste exclusivamente en no haberme dejado morir de hambre y de sed durante diez días.

Yo no hice ningún esfuerzo por ser héroe. Todos mis esfuerzos fueron por salvarme. Pero como la salvación vino envuelta en una aureola, premiada con el título de héroe como un bombón con sorpresa, no me queda otro recurso que soportar la salvación, como había venido, con heroísmo y todo.

Se me pregunta cómo se siente un héroe. Nunca sé qué responder. Por mi parte, yo me siento lo mismo que antes. No he cambiado ni por dentro ni por fuera. Las quemaduras del sol han dejado de dolerme. La herida de la rodilla se ha cicatrizado. Soy otra vez Luis Alejandro Velasco. Y con eso me basta.

Quien ha cambiado es la gente. Mis amigos son ahora más amigos que antes. Y me imagino también que mis enemigos son más enemigos, aunque no creo tenerlos. Cuando alguien me reconoce en la calle se queda mirándome como a un animal raro. Por eso visto de civil, hasta cuando a la gente se le olvide que estuve diez días sin comer ni beber en una balsa.

La primera sensación que se tiene, cuando se empieza a ser una persona importante, es la sensación de que durante todo el día y toda la noche, en cualquier circunstancia, a la gente le gusta que uno le hable de uno mismo. Me di cuenta de eso en el Hospital Naval de Cartagena, donde pusieron un guardia para que nadie hablara conmigo. A los tres días me sentía completamente restablecido, pero no podía salir del hospital. Sabía que cuando me dieran de alta tendría que contarle el cuento a todo el mundo, porque, según me decían los guardias, habían llegado a la ciudad periodistas de todo el país para hacerme reportajes y tomarme fotografías. Uno de ellos, con un impresionante bigote de veinte centímetros de largo, me tomó más de cincuenta fotografías, pero no se le permitió que me preguntara nada relacionado con mi aventura.

Otro, más audaz, se disfrazó de médico, burló la guardia y penetró en mi habitación. Obtuvo una resonante victoria, pero pasó un mal rato.

Historia de un reportaje

A mi habitación sólo podían entrar mi padre, los guardias, los médicos y los enfermeros del Hospital Naval. Un día entró un médico que no había visto nunca. Muy joven, con su bata blanca, anteojos, y fonendoscopio colgado del cuello. Entró intempestivamente, sin decir nada.

El suboficial de guardia lo miró perplejo. Le pidió que se identificara. El joven médico se registró todos los bolsillos, se ofuscó un poco y dijo que había olvidado sus papeles. Entonces, el suboficial de guardia le advirtió que no podría conversar conmigo sin un permiso especial del director del establecimiento. De manera que ambos se fueron donde el director. Diez minutos después regresaron a mi pieza.

El suboficial de guardia entró delante y me hizo una advertencia: «Le dieron permiso para que lo examine durante quince minutos. Es un siquiatra de Bogotá, pero a mí me parece que es un reportero disfrazado».

—¿Por qué le parece? —le pregunté.

—Porque está muy asustado. Además, los siquiatras no usan fonendoscopio.

Sin embargo, había conversado durante quince minutos con el director del hospital. Habían hablado de medicina, de siquiatría. Hablaron en términos médicos, muy complicados, y rápidamente se pusieron de acuerdo. Por eso le dieron permiso para hablar conmigo durante quince minutos.

No sé si fue por la advertencia del suboficial, pero cuando el joven médico entró de nuevo a mi pieza ya no me pareció un médico. Tampoco me pareció un reportero, aunque hasta ese momento yo no había visto nunca un reportero. Me pareció un cura disfrazado de médico. Creo que no sabía cómo empezar. Pero lo que realmente ocurría era que estaba pensando en la manera de alejar al suboficial de la guardia.

—Hágame el favor de conseguirme un papel —le dijo.

Él debió pensar que el suboficial de guardia iría a buscar el papel a la oficina. Pero tenía orden de no dejarme solo. Así que no fue a buscar el papel, sino que salió al corredor y gritó:

—Oiga, traiga en seguida papel de escribir.

Un momento después vino el papel de escribir. Habían transcurrido más de cinco minutos y el médico no me había hecho todavía ninguna pregunta. Sólo cuando llegó el papel comenzó el examen. Me entregó el papel y me pidió que dibujara un buque. Yo dibujé el buque. Luego me pidió que firmara el dibujo, y lo hice. Después me pidió que dibujara una casa de campo. Yo dibujé una casa lo mejor que pude, con una mata de plátano al lado. Me pidió que la firmara. Entonces fue cuando yo me convencí de que era un reportero disfrazado. Pero él insistió en que era médico.

Cuando acabé de dibujar, examinó los papeles, dijo algunas palabras confusas y comenzó a hacerme preguntas sobre mi aventura. El suboficial de guardia intervino para recordar que no se permitía aquella clase de preguntas. Entonces me examinó el cuerpo, como lo hacen los médicos. Tenía las manos heladas. Si el suboficial de guardia se las hubiera tocado lo habría echado de la pieza. Pero yo no dije nada, pues su nerviosismo y la posibilidad de que fuera un reportero me producían una gran simpatía. Antes de que se cumplieran los quince minutos del permiso salió disparado con los dibujos.

¡La que se armó al día siguiente! Los dibujos aparecieron en la primera página de *El Tiempo*, con flechas y letreros. «Aquí iba yo», decía un letrero, con una flecha que señalaba el puente del buque. Era un error, porque yo no iba en el puente, sino en la popa. Pero los dibujos eran míos.

Me dijeron que rectificara. Que podía demandarlo. Me pareció absurdo. Yo sentía una gran admiración por un reportero que se disfrazaba de médico para poder entrar en un hospital militar. Si él hubiera encontrado la manera de hacerme saber que era un reportero yo habría sabido cómo alejar al suboficial de guardia. Porque la verdad es que ese día yo ya tenía permiso para contar la historia.

El negocio del cuento

La aventura del reportero disfrazado de médico me proporcionó una idea muy clara del interés que los periódicos tenían en la historia de mis diez días en el mar. Era un interés de todo el mundo. Mis propios compañeros me pidieron que la contara muchas veces. Cuando vine a Bogotá, ya casi completamente restablecido, me di cuenta de que mi vida había cambiado. Me recibieron con todos los honores en el aeródromo. El presidente de la república me impuso una condecoración. Me felicitó por mi hazaña. Desde ese día supe que seguiría en la Armada, pero ahora con el grado de cadete.

Además, había algo con lo cual no contaba: las propuestas de las agencias de publicidad. Yo estaba muy agradecido de mi reloj, que marchó con precisión durante mi odisea. Pero no creí que aquello les sirviera para nada a los fabricantes de relojes. Sin embargo, me dieron quinientos dólares y un reloj nuevo. Por haber masticado cierta marca de chicles y decirlo en un anuncio, me dieron mil dólares. Quiso la suerte que los fabricantes de mis zapatos, por decirlo en otro anuncio, me dieran dos mil pesos. Para que permitiera transmitir mi historia por radio me dieron cinco mil. Nunca creí que fuera buen negocio vivir diez días de hambre y de sed en el mar. Pero lo es: hasta ahora he recibido casi diez mil pesos. Sin embargo, no volvería a repetir la aventura por un millón.

Mi vida de héroe no tiene nada de particular. Me levanto a las diez de la mañana. Voy a un café a conversar con mis amigos, o a alguna de las agencias de publicidad que están elaborando anuncios con base en mi aventura. Casi todos los días voy al cine. Y siempre acompañado. Pero el nombre de la acompañante es lo único que no puedo revelar, porque pertenece a la reserva del sumario.

Todos los días recibo cartas de todas partes. Cartas de gente desconocida. De Pereira, firmado con las iniciales J.V. C., recibí un extenso poema, con balsas y gaviotas. Mary Address, quien ordenó una misa por el descanso de mi alma cuando me encontraba a la deriva en el Caribe, me escribe con frecuencia. Me mandó un retrato con dedicatoria que ya conocen los lectores.

He contado mi historia en la televisión y a través de un programa de radio. Además, se la he contado a mis amigos. Se la conté a una anciana viuda que tiene un voluminoso álbum de fotografías y que me invitó a su casa. Algunas personas me dicen que esta historia es una invención fantástica. Yo les pregunto: Entonces, ¿qué hice durante mis diez días en el mar?